DÉVELOPPE MENT DES AFFAIRES ET HACK DE CROISSANCE

POUR LES PETITES ENTREPRISES ET START-UPS

Sangati Jagan Mohan Reddy

À tous les entrepreneurs en démarrage et propriétaires de petites entreprises,

Ce livre vous est dédié. Vous avez le courage et la détermination de prendre des risques et de créer quelque chose à partir de rien. Votre travail acharné et votre dévouement envers vos entreprises sont une source d'inspiration pour nous tous. Que ce livre vous aide à développer votre entreprise et à atteindre vos objectifs.

Sincèrement

Sangati Jagan Mohan Reddy

13. Développer une stratégie de service à la clientèle

14. Créer un réseau de partenaires et de fournisseurs

15. Développer un système de suivi des progrès

16. Créer un système de gestion des risques

17. Développer un système de gestion des relations avec les clients

18. Développer un système de gestion des relations avec les employés

19. Créer un système de gestion des stocks

20. Gestion des commentaires des clients

21. Développer un système de gestion des données client

Libérez votre potentiel commercial dès maintenant

Persévérance

YS Jagan Mohn Reddy

YS Jagan Mohan Reddy, ministre en chef de l'Andhra Pradesh, est connu pour ses contributions importantes au développement des affaires et à l'écosystème des startups de l'Andhra Pradesh. Il aété un leader qui a fait preuve d'une grande persévérance face à l'adversité et a travaillé dur pour s'assurer que le développement de l'État est sur la bonne voie.

Détermination

Biyyapu Madhu Sudhan Reddy

Biyyapu Madhusudhan Reddy, membre de l'Assemblée législative (MLA) de la circonscription de SriKalahasti est un ardent défenseur du développement de l'écosystème des startups et du développement des entreprises. Il a travaillé sans relâche pour créer un environnement propice à la croissance et ausuccès des startups et des entreprises commerciales. Il est également mentor et conseiller auprès de nombreuses entreprises en démarrage, fournissant des conseils et un soutien pour les aider à atteindre leurs objectifs par le biais de diverses initiatives gouvernementales. Son engagement à faire une différence dans la vie des entrepreneurs est louable et sa contribution à l'écosystème des startups est inestimable. Il est un

véritable exemple de détermination et de travail
acharné.

Avant-propos

J'ai le plaisir d'écrire une préface pour ce livre, qui traite du développement des affaires pour les petites entrepriseset les entreprises en démarrage. Alors que le monde des affaires continue d'évoluer et de changer, il est essentiel pour les propriétaires de petites entreprises et les entrepreneurs en démarrage de garder une longueur d'avance et de rester compétitifs. Ce livre fournit des informations et des stratégies inestimables pour développer etdévelopper une petite entreprise ou une start-up.

Ce livre est écrit par un consultant en affaires très expérimenté qui possède des connaissances et une expertise dans le domaine du développement des affaires, ce qui est évident tout au long du livre. Il fournit des conseils pratiques et des conseils sur la façon de créer un plan d'affaires réussi, de développer une stratégie de marketing solide et de créer un avantage concurrentiel. Il offre également des idées précieuses sur la façon de gérer les finances, d'attirer des investisseurs et de bâtir une entreprise solide.

Ce livre est une ressource essentiellepour tout entrepreneur ou propriétaire de petite entreprise ou start-ups qui cherchent à faire passer leur entreprise au niveau supérieur. Il regorge d'informations et de stratégies utiles qui peuvent aider les entrepreneurs et les propriétaires de petites entreprises à tirer le meilleur parti de leurs opportunités commerciales. Je recommande fortement ce livre à tous ceux qui cherchent à développer et à développer leur entreprise.

Préface

Ce livre est conçu pour aider les propriétaires de petites entreprises et les entreprises en démarrage à développer leurs entreprises. Il fournit un aperçu complet des aspects clés du développement des affaires, de la création d'une entreprise à la gestion de sa croissance en passant par les stratégies de marketing et de vente nécessaires pour réussir.

Le livre est écrit dans un style simple et facile à comprendre, ce qui le rend accessible aux lecteurs de tous niveauxd'expérience. Il est divisé en sections qui couvrent les différentes étapes du développement de l'entreprise, des étapes de planification initiales à la croissance et à l'expansion de l'entreprise. Chaque section comprend des conseils pratiques et des astuces sur la façon de tirer le meilleur parti desopportunités disponibles.

Le livre s'adresse aux propriétaires de petites entreprises et aux start-ups qui cherchent à développer leurs entreprises. Il convient également à ceux qui envisagent de créer une entreprise, ainsi qu'à ceux qui sont déjà en train decréer leur entreprise.

Ce livre est le résultat d'années de recherche et d'expérience dans le domaine du développement des affaires. Il est basé sur les connaissances et les idées de propriétaires d'entreprise expérimentés, d'entrepreneurs et d'experts dans le domaine. J'espère que ce livre fournira aux lecteurs les informations et les conseils dont ils ont besoin pour développer leurs entreprises et réussir.

Remerciements

Je tiens à remercier mes associés et partenaires pour leurs précieux conseils et leur soutien tout au longdu processus de rédaction. Leurs idées et leur expertise ont contribué à faire de ce livre le produit final qu'il est aujourd'hui.

Je tiens également à remercier mon épouse, mes enfants, ma famille, mes amis et ma famille pour leur soutien et leurs encouragements indéfectibles. Sans leur amouret leur compréhension, ce livre n'aurait pas été possible.

Je suis également reconnaissante envers les propriétaires de petites entreprises et les entreprises en démarrage qui m'ont fait part de leurs histoires et de leurs expériences. Leur volonté de s'ouvrir et de partager leurs voyages a été inestimable pour ce livre.

Enfin, je tiens à remercier tous les lecteurs qui ont pris le temps de lire ce livre. J'espère que cela vous aidera dans votre parcours de développement commercial.

Prologue

Le monde des affaires est en constante évolution, et le succès de toute entreprisedépend de sa capacité à garder une longueur d'avance. Pour les petites entreprises et les start-ups, cela peut être une tâche ardue. Avec des ressources limitées et un manque d'expérience, il peut être difficile de savoir par où commencer.

Ce livre est conçu pour fournir aux petites entreprises etaux entreprises en démarrage les outils et les connaissances dont elles ont besoin pour développer leur entreprise et réussir. Il couvre un large éventail de sujets, du marketing et des finances aux opérations et au service à la clientèle, et fournit des conseils pratiques sur la façon de créer et degérer une entreprise prospère.

Que vous soyez débutant ou que vous soyez en affaires depuis des années, ce livre vous fournira les idées et les stratégies dont vous avez besoin pour faire passer votre entreprise au niveau supérieur. Avec les bonnes connaissances et le bon dévouement, vous pouvez créer une entreprise prospère qui résistera à l'épreuve du temps.

Le livre est écrit pour les entrepreneurs et les propriétaires de petites entreprises qui cherchent à faire passer leur entreprise au niveau supérieur. Il est conçu pour être une ressource complète qui peut être utilisée pour élaborer un plan d'affaires, identifier les opportunités et créer une feuille de route pour le succès.

CHAPITRE PREMIER

Qu'est-ce que le développement des affaires?

Le développement des affaires est le processus de croissance d'une entreprise en identifiant et en capitalisant sur les opportunités d'augmenter les ventes, d'étendre de nouveaux marchés et de développer de nouveaux produits ou services. Il implique un large éventail d'activités, telles que les études de marché, la planification stratégique, le développement de produits, les ventes et le marketing, et le service à la clientèle. Le développement des affaires est une partie importante de toute entreprise, car il contribue à s'assurer que l'entreprise est en mesure de rester compétitive et rentable à long terme.

Le développement des affaires est un terme général qui englobe de nombreuses activités différentes. Il s'agit de développer de nouveaux produits ou services, de conquérir de nouveaux marchés ou d'améliorer des produits ou services existants. Cela implique également d'identifier et de capitaliser sur les opportunités d'augmenter les ventes, telles que les partenariats stratégiques, les campagnes de marketing ou l'acquisition de nouveaux clients. Le développement des affaires est un processus continu, car les entreprises doivent constamment évaluer leurs stratégies et les ajuster pour répondre aux conditions changeantes   du   marché.

Le développement des affaires est souvent considéré comme un processus stratégique, car il implique deprendre des décisions sur l'avenir de l'entreprise. Cela nécessite une compréhension approfondie des forces et des faiblesses de l'entreprise, ainsi qu'une compréhension du paysage concurrentiel. Les entreprises doivent également avoir une vision claire de l'endroit où elles veulent aller et dela façon dont elles prévoient d'y arriver.

Le développement des affaires est aussi un processus d'innovation. Les entreprises doivent constamment chercher de nouvelles façons d'améliorer leurs produits ou services, ou d'en développer de nouveaux. Cela nécessite une compréhension approfondie des besoins des clients et la capacitéde développer des solutions créatives pour répondre à ces besoins.

Le développement des affaires est un processus complexe qui nécessite beaucoup de planification et d'exécution. Les entreprises doivent être disposées à investir du temps et des ressources dans le processus afin d'assurer le succès. Il est également important d'avoir une équipe de professionnels expérimentés qui nous aident à guider l'entreprise

CHAPITRE DEUX

Établir une mission et une vision claires

Établir une mission et une vision claires pour le développement des affaires est essentiel pour toute entreprise. Un énoncé de mission et de vision fournit une feuille de route pour l'avenir de l'entreprise, décrivant les buts et objectifs qui doivent être atteints pour réussir. Ils fournissent également un sens de l'objectif et de l'orientation aux employés, aux clients, aux parties prenantes et aux parties prenantes.

- La première étape dans l'établissement d'une mission et d'une vision claires pour le développement des affaires consiste à définir la raison d'être de l'entreprise. Cela devrait inclure une déclaration expliquant pourquoi l'entreprise existe, ce qu'elle espère réaliser et comment elle prévoit de le faire. Cette positiondoit être concise et facile à comprendre, tout en transmettant les valeurs et les croyances fondamentales de l'entreprise.

- L'étape suivante consiste à identifier les compétences clés de l'entreprise. Cela devrait inclure les compétences, les connaissances et les ressources dont dispose l'entreprise. Cela aidera à définir l'avantage concurrentiel de l'entreprise et aidera également à orienter le développement de la stratégie de l'entreprise.

- La troisième étape consiste à fixer des buts et des objectifs. Celles-ci doivent être spécifiques, mesurables, réalisables, pertinentes et limitées dans le temps. Ils doivent également être alignés sur la mission et la vision de l'entreprise. Les buts et objectifs devraient être régulièrement revus et mis à jour pour s'assurer qu'ils demeurent pertinents et réalisables.

- La quatrième étape consiste à élaborer une stratégie. Cela devrait inclure un plan d'action détaillé qui décrit comment l'entreprise atteindra ses buts et objectifs. Il devrait également inclure un calendrier de mise en œuvre et un budget pour les ressources.

- La cinquième étape consiste à communiquer la mission et la vision à toutes les parties prenantes. Cela devraitinclure les employés, les clients, les fournisseurs et les investisseurs. Il est important de s'assurer que tout le monde comprend l'entreprise

CHAPITRE TROIS

Élaborer un plan d'affaires complet

Un plan d'affaires complet est un document qui décrit la stratégie et les objectifs d'une entreprise. Il s'agit d'une feuille de route pour l'avenir de l'entreprise et d'un guide pour la prise de décision. Un plan d'affaires complet devrait comprendre un résumé, une analyse de marché, une analyse concurrentielle, un plan financier et un plan opérationnel.

Le résumé est la première section du plan d'affaires et devrait fournir un bref aperçu de l'entreprise. Il doit inclure l'énoncé de mission de l'entreprise, une description des produits ou services offerts et le marché cible.

L'analyse de marché devrait comprendre une évaluation du marché actuel, une analyse de la concurrence et une description du marché cible. Il devrait également inclure une analyse des tendances de l'industrie et une description de la stratégie de marketing.

L'analyseconcurrentielle devrait inclure une analyse des forces et des faiblesses de la concurrence et une description de la façon dont l'entreprise prévoit de se différencier de la concurrence.

Le plan financier doit comprendre une description des buts et objectifs financiers de l'entreprise, une description de la structure du capital et une description des projections financières.

Le plan opérationnel devrait comprendre une description des activités de l'entreprise, une description de l'équipe de direction et une description des processus opérationnels.

Un plan d'affaires complet devrait également inclure une annexe avec des documents à l'appui tels que des états financiers, des études de marché et des sondages auprès des clients. Le plan d'activités devrait être revu et mis à jour régulièrement pour s'assurer qu'il est à jour et qu'il reflète l'environnement opérationnel actuel.

CHAPITRE QUATRE

Identifier les marchés et les clients cibles

L'identification des marchés cibles et des clients dans le développement des affaires est une étape importante dans le processus de lancement d'un nouveau produit ou service. Cela implique de rechercher les besoins des clients potentiels et de comprendre le paysage concurrentiel. L'objectif est d'identifier les marchés les plus rentables et viables pour votre produit ou service.

- **Mener des études** de marché: La première étape pour identifier les marchés cibles et les clients consiste à mener une étude de marché. Cela implique de recueillir des données sur la taille et les caractéristiques du marché cible, le paysage concurrentiel et les besoins et préférences du client. Cesrecherches doivent être effectuées au moyen d'enquêtes, d'entretiens, de groupes de discussion et d'autres méthodes.

- **Analyser les données** : Une fois les données collectées, elles doivent être analysées pour identifier les marchés cibles et les clients potentiels. Cela implique d'examiner les données pour déterminer quels types de clients sont les plus susceptibles d'être intéressés par le produit ou le service, quels sont leurs besoins et leurs préférences, et à quoi ressemble le paysage concurrentiel.

- **Développer un profil**: Une fois les données analysées, il est important de développer un fichierde données du marché cible et des clients. Ce profil devrait inclure des informations démographiques, telles que l'âge, le sexe, le niveau de revenu et l'emplacement. Il devrait également inclure des informations psychographiques, telles que le mode de vie, les intérêts et les valeurs.

- **Identifier lesopportunités**: Une fois que le marché cible et le profil de la clientèle ont été développés, il est important d'identifier les opportunités potentielles pour le produit ou le service. Cela implique d'examiner le paysage concurrentiel pour identifier les domaines où le produit ou les services sont différenciéset où il existe un potentiel de croissance.

- **Développer une stratégie** : Une fois les opportunités identifiées, il est important d'élaborer une stratégie pour atteindre le marché cible et les clients.

CHAPITRE CINQ

Rechercher les concurrents et les tendances de l'industrie

La recherche de concurrents et de tendances de l'industrie est une partie importante du développement des affaires. Il aide les entreprises à identifier les opportunités, à garder une longueur d'avance sur la concurrence et à élaborer des stratégies pour augmenter leur part de marché. En prenant le temps de rechercher et d'analyser les concurrents et les tendances de l'industrie, les entreprises acquièrent un avantage concurrentiel et augmentent leurs chances de succès.

- **Identifier les concurrents**: La première étape de la recherche des concurrents et des tendances de l'industrie consiste à identifier qui sont vos concurrents. Cela se fait en faisant des recherches sur l'industrie et en recherchant des entreprises qui offrent des produits ou des services similaires. Vous pouvez également utiliser des outils en ligne et des études de marché pour savoir qui sont vos concurrents.

- **Analyser les concurrents**: Une fois que vous avez identifié vos concurrents, l'étape suivante consiste à analyser leurs stratégies. Regardez leur site Web, leur présence sur les médias sociaux et tout autre matériel de marketing dont ils disposent. Cela vous donnera une idée de leur marché cible, de leur stratégie de prix et d'autres facteurs qui vous aideront à développer une stratégie concurrentielle.

- **Surveillez les tendances de l'industrie** : Il est important de se tenir au courant des tendances de l'industrie. Cela se fait en lisant des publications de l'industrie, en assistant à des salons professionnels et en réseautant avec d'autres professionnels de l'industrie. Vous devriez également assister aux événements et conférences de l'industrie pour rester informé des derniers développements dans l'industrie. Cela vous aidera à identifier de nouvelles opportunités et à garder une longueur d'avance sur la concurrence.

- **Développer des stratégies**: Une fois que vous avez identifié vos concurrents et surveillé les tendances de l'industrie, la prochaine étapeconsiste à élaborer des stratégies pour augmenter votre part de marché. Cela comprend le développement de nouveaux produits ou services, l'expansion sur de nouveaux marchés ou l'amélioration de vos produits et services existants.

- **Analysez votre propre performance**: En plus de rechercher vos concurrentset les tendances de l'industrie, vous devriez également analyser votre propre performance. Cela devrait être fait en examinant vos chiffres de vente, les commentaires des clients et d'autres points de données. Cela vous aidera à identifier les domaines d'amélioration et les opportunités de croissance.

CHAPITRE SIX

Élaborer une stratégie marketing

L'élaboration d'une stratégie de marketing pour le développement des affaires est un élément essentiel de toute entreprise prospère. Une stratégie de marketing est un plan d'action qui décrit comment une entreprise atteindra ses buts et objectifs. Il s'agit d'un plan complet qui comprend des études de marché, le développement de produits, la tarification, la promotion, la distribution et le service à la clientèle.

La première étape de l'élaboration d'une stratégie marketing consiste à identifier le marché cible. Cela implique de faire des recherches sur le marché cible pour comprendre leurs besoins, leurs désirs et leurs préférences. Une fois le marché cible identifié, l'étape suivante consiste à développer un produit ou un service qui répond aux besoins du marché cible. Cela implique de faire des recherches sur la concurrence et de développer un produit ou un service unique qui différenciera l'entreprise de ses concurrents.

L'étape suivante consiste à déterminer la stratégie de tarification. Cela implique de faire des recherches sur la concurrence et de déterminer la meilleure stratégie de prix pour maximiser les profits. La stratégie d'établissement des prix devrait également tenir compte du coût de production et du coût de commercialisation.

L'étape suivante consiste à élaborer une stratégie promotionnelle. Cela implique la création d'un plan de marketing qui décrit comment l'entreprise atteindra son marché cible. Cela comprend le développement d'un site Web, la création de campagnes publicitaires et l'utilisation des médias sociaux.

La dernière étape consiste à élaborer une stratégie de distribution. Cela implique de déterminer la meilleure façon d'acheminer le produit ou le service vers le marché cible. Cela pourrait inclurel'utilisation d'un réseau de distribution, la vente directe ou une combinaison des deux.

L'élaboration d'une stratégie de marketing pour le développement des affaires est un processus complexe qui nécessite de la recherche, de la planification et de la mise en œuvre. Il est important de comprendre la marque cible, de développer un produit ou un service unique, de déterminer la meilleure stratégie de prix, de créer une stratégie promotionnelle et d'élaborer une stratégie de distribution. En suivant ces étapes, les entreprises s'assurent que leur stratégie marketing est efficace.

CHAPITRE SEPT

Élaborer une stratégie promotionnelle

Une stratégie promotionnelle est un plan d'action que les entreprises utilisent pour accroître la notoriété de leurs produits et services, fidéliser la clientèle et générer plus de ventes. Cela implique une combinaison de tact marketingtels que la publicité, les relations publiques, les médias sociaux et d'autres activités.

L'impact d'une stratégie promotionnelle sur le développement des affaires pour les petites entreprises et les entreprises en démarrage est très important pour créer la reconnaissance de la marque, attirer de nouveaux clients et augmenterles ventes. Cela aide à établir des relations avec les clients existants et à créer une réputation positive pour l'entreprise afin d'accroître la visibilité et d'atteindre les clients potentiels, ce qui conduit à plus de ventes. Cela aidera à créer un avantage concurrentiel sur le marché, ainsi qu'à différencier l'entreprise de ses concurrents.

- **Identifiez votre public cible**: La première étape de l'élaboration d'une stratégie promotionnelle consiste à identifier votre public cible. Cela signifie comprendre qui sont vos clients, quels sont leurs besoins et leurssouhaits et comment vous pouvez les atteindre au mieux.

- **Définir des buts et des objectifs**: Une fois que vous avez identifié votre public cible, vous devez définir des buts et des objectifs pour votre stratégie promotionnelle. Cela vous aidera à concentrer vos efforts et à vous assurer que vous travaillez versun objectif final clair.

- **Choisissez les bons canaux** : une fois que vous avez identifié votre public cible et défini des buts et des objectifs, vous devez décider quels canaux vous utiliserez pour les atteindre. Cela pourrait inclure les médias sociaux, le courrier électronique, la presse écrite, la radio, la télévision ou unautre média.

- **Développez votre message**: Une fois que vous avez choisi les bons canaux, vous devez développer votre message. Cela devrait être adapté à votre public cible et devrait communiquer clairement les avantages de votre produit ou service.

- **Suivre et mesurer les résultats** : Vous devez suivre et mesurer les résultats de votre stratégie promotionnelle. Cela vous aidera à comprendre ce qui fonctionne et ce qui ne fonctionne pas, vous devez donc ajuster votre stratégie en conséquence.

En suivant ces étapes, vous développerez une stratégie promotionnelle efficace qui vous aidera à atteindre vos objectifs d'affaires.

CHAPITRE HUIT

Élaborer une stratégie de distribution

Les stratégies de distribution pour le développement des affaires sont des méthodes utilisées pour mettre des produits et des services sur le marché. Ces stratégies peuvent être utilisées pour augmenter les ventes, atteindre de nouveaux clients et renforcer la notoriété de la marque.

- **Distribution directe**: La distribution directe est lorsqu'une entreprise vend ses produits directement aux clients. Cela se fait via le site Web d'une entreprise, des magasins de détail ou des sites Web tierscomme Amazon.

- **Distribution indirecte**: La distribution indirecte est lorsqu'une entreprise utilise un tiers pour distribuer ses produits. Il peut s'agir d'un grossiste, d'un distributeur ou d'un détaillant.

- **Distribution** multicanale: La distribution multicanal est lorsqu'une entreprise utiliseplusieurs canaux de distribution pour atteindre les clients. Cela pourrait inclure une combinaison de distribution directe et indirecte, ainsi que de canaux en ligne et hors ligne.

- **Franchisage:** Le franchisage est lorsqu'une entreprise permet à d'autres entreprises d'utiliser sa marque et ses produits. C'est un moyen intelligent de développer rapidement une entreprise et d'atteindre de nouveaux marchés.

- **Licence:** Il y a octroi de licences lorsqu'une entreprise accorde à une autre entreprise le droit d'utiliser ses produits ou services. Ceci est souvent utilisé lorsqu'une entreprise souhaite se développer sur un nouveau marché ou une nouvelle industrie.

Pour mettre en œuvre ces stratégies, les entreprises doivent identifier leurs marchés cibles et élaborer un plan pour les atteindre. Les entreprises doivent également tenir compte de leur budget et de leurs ressources lors du choix d'une stratégie de distribution. Les entreprises devraient surveiller leurs canaux de distribution pour s'assurer qu'ils répondent aux besoins et aux attentes des clients.

CHAPITRE NEUF

Stratégies de distribution

Vente directe

La vente directe est une forme de marketing dans laquelle une entreprise vend des produits directement aux consommateurs, généralement chez eux ou par l'intermédiaire de fêtes, plutôt que par l'intermédiaire d'un magasin de détail. La vente directe est le meilleur moyen d'augmenter les ventes et de développer une entreprise. Il permet aux entreprises d'atteindre plus de clients potentiels, d'établir des relations avec les clients et d'accroître la notoriété de la marque. Il permet également aux entreprises de réduire les frais généraux associés aux magasins de détail traditionnels. La vente directe aide également les entreprises à augmenter leur clientèle et àfidéliser leurs clients.

La vente directe est un type de modèle d'affaires dans lequel les biens et services sont vendus directement aux consommateurs loin d'un point de vente au détail fixe. C'est une forme d'entreprise qui existe depuis des siècles et qui est toujours populaire aujourd'hui. La vente directeest souvent associée à la vente porte-à-porte, mais elle comprend également la vente de produits par le biais de catalogues, de fêtes et en ligne.

La vente directe présente un certain nombre

d'avantages pour les entreprises. Il permet aux entreprises d'atteindre un public plus large, d'établir des relations avec les clients et de fournir un service personnalisé. C'est aussi l'occasion de tester de nouveaux produits et services sans investir dans une campagne de marketing à grande échelle.

L'impact de la vente directe sur la croissance des entreprises est important. Il aidera les entreprises àatteindre de nouveaux clients, à augmenter leurs ventes et à fidéliser leur marque. Il aide également les entreprises à réduire les coûts associés aux efforts de marketing traditionnels. La vente directe aide les entreprises à obtenir des informations précieuses sur les clients qui peuvent être utilisées pour améliorer les produits et services.

La vente directe aide également à établir des relations avec les clients. En s'engageant directement avec les clients, les entreprises peuvent obtenir des commentaires et des informations précieux qui doivent être utilisés pour améliorer les produits et services. La vente directe aide les entreprises à établir la confiance avec les clients, ce qui peut entraîner une augmentation des ventes et de la fidélité des clients.

Il est important de se rappeler que la vente directe n'est pas une solution unique et doit être adaptée aux besoins de l'entreprise.

Publicité en ligne

La publicité en ligne est une forme de marketing qui utilise Internet pour diffuser des messages promotionnels à des clients potentiels. Il comprend une variété de techniques, telles que l'optimisation des moteurs de recherche (SEO), la publicité au paiement par clic (PPC), la publicité display et le marketing des médias sociaux. La publicité en ligne est devenue un élément essentiel de la stratégie marketing de toute entreprise prospère.

L'impact de la publicité en ligne sur la croissance des entreprises est indéniable. Il permet aux entreprises d'atteindre un public beaucoup plus large que les méthodes publicitaires traditionnelles, telles que la télévision, la radio et la presse écrite. La publicité en ligne est beaucoup plus rentable que la publicité traditionnelle, car elle nécessite moins de ressources et peut être ciblée sur des publics spécifiques.

La publicité en ligne aide les entreprises à accroîtreleur notoriété, à générer des prospects et à augmenter leurs ventes. Il aide également les entreprises à établir des relations avec leurs clients et à les fidéliser. La publicité en ligne aide les entreprises à suivre et à mesurer le succès de leurs campagnes, ce qui leur permet de prendre des décisions éclairéessur leurs stratégies de marketing.

La publicité en ligne a également le potentiel d'atteindre un public mondial. Ceci est particulièrement bénéfique pour les entreprises qui ciblent des clients internationaux. La publicité en ligne est utilisée pour cibler des groupes démographiques spécifiques, tels que l'âge, le sexe, l'emplacement et les intérêts. Cela permet aux entreprises d'adapter leurs messages au bon public et de maximiser leur retour sur investissement.

La publicité en ligne est un outil inestimable pour les entreprises qui cherchent à croître et à réussir. Il estcos t-efficace, permet aux entreprises d'atteindre un public plus large et peut être adapté à des données démographiques spécifiques. Il aide les entreprises à suivre et à mesurer le succès de leurs campagnes, leur permettant de prendre des décisions éclairées sur leurs stratégies marketing.

Marketing des médias sociaux

Le marketing des médias sociaux est le processus d'utilisation des plateformes de médias sociaux pour promouvoir et commercialiser un produit ou un service. C'est un outil puissant pour les entreprises de toutes tailles pour atteindre leur public cible, établir des relations et accroîtrela qualité de la marque.

Le marketing des médias sociaux a un impact significatif sur la croissance de l'entreprise. Il aide les entreprises à atteindre un public plus large, à établir des relations avec des clients potentiels et à accroître la notoriété de la marque. Il aide également les entreprises à générer des prospects, à augmenter notre trafic et à stimuler les ventes.

Le marketing des médias sociaux aide les entreprises à établir des relations avec leur public cible. Cela se fait en s'engageant avec les clients, en répondant à leurs questions et commentaires et en fournissant un contenu utile. Cela contribue à renforcer la confiance et la fidélité, ce qui entraîne une augmentation des ventes.

Le marketing des médias sociaux aide également les entreprises à accroître leur visibilité. En publiant régulièrement sur les médias sociaux, les entreprises s'assurent que leur contenu est vu par un public plus large. Cela aide à accroître la notoriété de la marque et à atteindre des clients potentiels qui n'auraient peut-être pas été au courant de l'entreprise.

Le marketing des médias sociaux a un impact significatif sur la croissance de l'entreprise. Il aide les entreprises à atteindre un public plus large, à établir des relations avec des clients potentiels et àaccroître la notoriété de la marque. Il aide également les entreprises à générer des prospects, à augmenter le trafic sur le site Web et à stimuler les ventes.

Points à considérer pour le marketing des médias sociaux

- **Développer une stratégie de médias sociaux**: Établir des buts et des objectifs, déterminer les objectifscibles et créer un plan de contenu.

- **Identifiez les bons canaux de médias sociaux** : choisissez les canaux qui correspondent le mieux à votre entreprise et à votre public cible.

- **Créez du contenu attrayant** : publiez du contenu intéressant, pertinent et partageable.

- **Surveillez les conversations** : Conversations desmonitors et répondez aux commentaires, aux questions et aux plaintes.

- **Engagez-vous avec les influenceurs** : identifiez et engagez-vous avec les influenceurs de votre secteur d'activité pour vous aider à diffuser votre message.

- **Analyser les données** : suivez et analysez les données pour mesurer le succès de vos campagnes sur les réseaux sociaux.

- **Utilisez des éléments visuels** : utilisez des éléments visuels tels que des images, des vidéos et des infographies pour rendre votre contenu plus attrayant.

- **Tirez parti de** l'automatisation : automatisez certaines tâches pour économiser du temps et des ressources.

- **Annoncez** : utilisez la publicité sur les réseaux sociaux pour atteindre un public plus large et générer plus de trafic vers votre site Web.

- **Offrez des** incitatifs: Offrez des incitations telles que des remises et des cadeaux pour encourager les gens à suivre et à s'engager avec votre marque.

- **Promouvoir le contenu généré par les utilisateurs** : encouragez les clients à partager leurs expériences avec votre marque et à promouvoir leur contenu.

- **Utilisez les outils des médias** sociaux : utilisez les outils des médias sociaux pour vous aider à gérer et à mesurer vos campagnes.

- **Restez à jour** : Restez au courant des dernières tendances et des changements dans le paysage des médias sociaux.

- **Mesurer le** retour sur investissement (ROI) de vos campagnes sur les réseaux sociaux.

- **Surveillez les concurrents** : surveillez l'activité de vos concurrents sur les réseaux sociaux pour garder une longueur d'avance

Réseautage

Le réseautage est un élément essentiel de la croissance de l'entreprise. Cela implique le développement de relationsavec d'autres personnes et organisations afin d'avoir accès à des ressources, des contacts et des opportunités qui aident une entreprise à croître. Le réseautage est utilisé pour établir des relations, augmenter la visibilité et générer des prospects. Il peut également être utilisé pour accéder àde nouveaux marchés, élargir la clientèle et développer des partenariats stratégiques.

L'impact du réseautage sur la croissance des entreprises est important. Le réseautage aide les entreprises à identifier des clients, des partenaires et des fournisseurs potentiels. Cela contribue également à créer uneréputation positive et à renforcer la confiance. Le réseautage contribue également à créer des possibilités de collaboration et de coentreprise. En tirant parti des réseaux des autres, les entreprises peuvent accéder à de nouvelles ressources, contacts et idées qui aident votre entreprise à se développer.

NetworKing aide également à établir des relations avec les principales parties prenantes, telles que les investisseurs, les clients et les fournisseurs. En développant vos relations avec ces parties prenantes, les entreprises ont accès à des ressources et à des contacts précieux qui aident votre entreprise à croître. Le travailen ligne aide à créer une réputation positive pour l'entreprise, ce qui conduit à plus de clients et à une augmentation des ventes.

Le réseautage aide à créer un sentiment de communauté et de collaboration. En se connectant avec d'autres entreprises et individus, les entreprises acquièrent un accèsà de nouvelles idées, ressources et contacts. Le réseautage aide à créer un sentiment de camaraderie et de soutien, ce qui contribue à favoriser l'innovation et la créativité.

Salons

Un salon professionnel est un événement où les entreprises d'un secteur particulier se réunissent pour présenterleurs produits et services à des acheteurs potentiels. Les salons professionnels offrent aux entreprises l'occasion de réseauter, d'établir des relations et d'accroître leur visibilité sur le marché. Ils permettent également aux entreprises de présenter leurs produits et services à un grand nombre d'acheteurs potentiels en un seul endroit.

Les foires commerciales ont un impact significatif sur la croissance des entreprises. Ils offrent aux entreprises l'occasion de se faire connaître et d'établir des relations avec des clients potentiels. Les salons professionnels permettent également aux entreprises de présenterleurs produits et services à un grand nombre d'acheteurs potentiels en un seul endroit. Cela permet d'augmenter les ventes et de générer des prospects.

Les salons professionnels offrent également aux entreprises l'occasion de réseauter avec d'autres professionnels de l'industrie. Cela aide à établir des relations et des collaborations qui mènent à une croissance accrue de l'entreprise. Les salons professionnels fournissent aux entreprises des commentaires précieux de clients potentiels. Ces commentaires sont utilisés pour améliorer les produits et services, ainsi que pour développer de nouveaux produits et services.

Les salons professionnels sont un moyen pour les entreprises de gagner en visibilité, d'établir des relations et d'accroître leur visibilité sur le marché. Ils fournissent également aux entreprises des informations précieuses sur les dernières tendances et développements de leur secteur, ainsi que des informations précieuses declients potentiels. Tous ces facteurs contribuent à stimuler la croissance de l'entreprise.

Appels à froid

L'appel à froid est une technique de vente directe dans laquelle un vendeur contacte des clients potentiels par téléphone dans le but de solliciter des ventes. C'est une forme de marketing de direct et est souvent utilisé pour générer des prospects, établir des relations et augmenter les ventes. L'appel à froid est une tâche difficile et souvent fastidieuse, mais c'est un moyen efficace d'atteindre des clients potentiels et de générer des ventes.

L'appel à froid est un moyen efficace d'atteindre des clients potentiels et d'établir des relations. Il permet aux vendeurs de présenter leurs produits et services à un public plus large et est utilisé pour générer des prospects et conclure des ventes. Le démarchage téléphonique permet également aux vendeurs d'établir des relations avecdes clients potentiels et d'instaurer la confiance.

Cependant, les appels à froid peuvent être un processus difficile et long. Il faut que les vendeurs aient une bonne compréhension de leur produit ou service et la capacité de communiquer efficacement leur message. Il exige également que les vendeurs soient persévérants et aient la capacité de gérer le rejet.

L'impact des appels à froid sur la croissance de l'entreprise dépend de la façon dont ils sont utilisés. S'ils sont utilisés correctement, les appels à froid sont un moyen efficace d'atteindre des clients potentiels et de générer des ventes. Cependant, s'il est mal utilisé, c'est une perte de temps et de ressources.

Marketing par courriel

Le marketing par courriel est un outil puissant permettant aux entreprises d'atteindre leurs clients cibles et de promouvoir leurs produits et services. C'est un moyen efficace d'établir des relations avecles clients, d'accroître la notoriété de la marque et de stimuler les ventes. Le marketing par courriel existe depuis des décennies, mais il est devenu de plus en plus populaire ces dernières années en raison de l'essor du marketing numérique et de la disponibilité d'outils puissants pour automatiser et personnaliser les capacités.

Le marketing par courriel est un moyen rentable d'atteindre les clients et les prospects. Il est également très ciblé, permettant aux entreprises d'envoyer des messages aux bonnes personnes au bon moment. Le marketing par e-mail est utilisé pour nourrir les prospects, établir des relations et stimuler les ventes. Il peut également être utilisé pour promouvoir de nouveaux produits, annoncer des offres spéciales et fournir un service client.

L'impact du marketing par courriel sur la croissance de l'entreprise est significatif. Des études ont montré que le marketing par courriel a un retour sur investissement (RO I) plus élevé que d'autres canaux de marketing, tels que l'optimisation des moteurs de recherche (SEO) et les médias sociaux. Le marketing par courriel aide les entreprises à augmenter leurs revenus en générant plus de ventes et de prospects. Il aide également les entreprises à établir des relations avec les clients, à accroître la sensibilisation au son et à fidéliser la clientèle.

Le marketing par courriel est un outil puissant pour les entreprises de toutes tailles. C'est un moyen efficace d'atteindre les clients, d'établir des relations et de stimuler les ventes. En tirant parti de la puissance du marketing par courriel, les entreprises augmentent leurs revenus et développent leurs activités.

Marketing d'affiliation

Le marketing d'affiliation est un type de marketing basé sur la performance dans lequel une entreprise récompense un ou plusieurs affiliés pour chaque visiteur ou client amené par les propres efforts de marketing de l'affilié. Il s'agit d'unevariante différente de la pratique consistant à payer des honoraires d'intermédiation pour l'introduction de nouveaux clients dans une entreprise.

Le marketing d'affiliation est devenu un moyen populaire pour les entreprises d'étendre leur portée et d'augmenter leurs ventes. C'est un moyen efficace de générer du trafic sur unsite Web, de générer des prospects et d'augmenter les ventes. C'est également un moyen rentable d'accroître la notoriété de la marque et d'établir des relations avec des clients potentiels.

L'impact du marketing d'affiliation sur la croissance de l'entreprise est significatif. Il aide les entreprises à atteindre de nouveaux clients, à augmenter leurs ventes et à établir des relations avec leurs clients. Il aide également les entreprises à accroître leur visibilité et à atteindre un public plus large. Il aide les entreprises à augmenter leurs profits en réduisant leurs coûts de marketing.

Le marketing d'affiliation est un lien permettant aux entreprises d'augmenter leurs ventes et d'atteindre un public plus large.

Programmes de référence

Un programme de référence est une stratégie de marketing utilisée par les entreprises pour encourager les clients à référer de nouveaux clients à l'entreprise. Les programmes de parrainage sontgénéralement structurés de manière à ce que les clients reçoivent une récompense pour avoir référé de nouveaux clients. Cette récompense peut prendre la forme d'un rabais, d'argent ou d'autres incitations.

L'impact des programmes de référence sur la croissance des entreprises est important. Les programmes de parrainage aident les entreprises à augmenter leur clientèle, à augmenter leurs ventes et à les fidéliser. Les programmes de recommandation aident également les entreprises à établir des relations avec leurs clients, car les clients sont plus susceptibles de référer une entreprise à leurs amis et à leur famille s'ils ont eu une expérience positive avec l'entreprise.

Les programmes de référence aident également les entreprises à accroître leur visibilité, car les clients qui recommandent une entreprise à leurs amis et à leur famille sont susceptibles de partager leurs expériences sur les médias sociaux. Cela aide les entreprises à atteindre un public plus largeet à accroître la notoriété de   leur   marque.

Les programmes de recommandation aident les entreprises à établir un climat de confiance avec leurs clients, car les clients sont plus susceptibles de faire confiance à une entreprise qui leur a été recommandée par quelqu'un qu'ils connaissent. Cette confiance peut conduire à une fidélité accrue des clients, ce qui se traduit par une augmentation des ventes et de la croissance   de   l'entreprise.

Les programmes de référence ont un impact positif sur la croissance de l'entreprise. En offrant des récompenses aux clients qui recommandent de nouveaux clients, les entreprises augmentent leur clientèle, augmentent leurs ventes et améliorent la fidélité de la clientèle. Les programmes de référence aident les entreprises à accroître leur visibilité, à établir des relations avec leurs clients et à renforcer la confiance. Tous ces facteurs contribuent à accroître la croissance de l'entreprise.

Relations publiques

Les relations publiques (RP) sont la pratique consistant à gérer la diffusion de l'information entre une personne ou une organisation et le public. C'est un élément important de la stratégie marketing de toute entreprise, car il contribue à créer une image publique positive et à établir des relationsavec les parties prenantes.

L'objectif principal des relations publiques est de façonner et de maintenir une image publique positive pour une entreprise ou un individu. Cela se fait en créant et en maintenant des relations avec les médias, ainsi qu'en créant et en distribuant des informations favorables à l'entreprise ou à l'individu . Les professionnels des relations publiques s'efforcent également d'établir des relations avec les principales parties prenantes, telles que les clients, les investisseurs et les représentants du gouvernement.

Les relations publiques ont un impact majeur sur la croissance d'une entreprise. Une image positivepeut aider à attirer de nouveaux clients, investisseurs et partenaires. Cela permet également d'établir la confiance avec les clients et les parties prenantes existants, ce qui peut entraîner une augmentation des ventes et de la fidélité. Une bonne image publique aide à protéger une entreprise de la publicité négative, qui a un impact majeur sur la réputation d'une entreprise.

Les relations publiques contribuent également à accroître la visibilité et la portée d'une entreprise. Les professionnels des relations publiques aident à créer du contenu qui est partagé sur les médias sociaux et d'autres plateformes, ce qui contribue à faire connaître les produits et services d'une entreprise. Les professionnels des relations publiques aident à créer des relations avec les influenceurs, ce qui contribue à augmenter la portée et la visibilité d'une entreprise.

Les relations publiques sont une partie importante de la stratégie marketing de toute entreprise. Il aide à créer une image publique positive, à établir des relations avec les parties prenantes et à accroître la visibilité et la portée d'une entreprise. Tous ces facteurs ont un impact majeur sur le

Marketing de contenu

Le marketing de contenu est une approche marketing stratégique axée sur la création et la valorisation d'uncontenu précieux, pertinent et cohérent afin d'attirer et de fidéliser un public clairement défini et, en fin de compte, de générer une action client rentable.

Le marketing de contenu est utilisé par les entreprises de toutes tailles et dans tous les secteurs pour renforcer la notoriété de la marque, générer des prospects et augmenter les ventes. C'est un moyen efficace d'atteindre et d'engager les clients, ainsi que de créer des relations significatives avec eux. Le marketing de

contenu est une partie importante de la stratégie marketing globale de toute entreprise. Cela aide à créer une expérience client positive, à établir la confiance et à établir la crédibilité d'une marque. Il permet également aux entreprises de toucher un public plus large et d'accroître leur visibilité.

Le marketing de contenu a un impact positif sur la

croissance de l'entreprise en aidant à générer des prospects, à augmenter le trafic sur le site Web et à stimuler les ventes. Cela contribue également à renforcer la fidélité et la confiance à la marque, ce qui conduit à des clients réguliers et à une valeur à vie accrue pour les clients. Le marketing de contenu contribue également à améliorer le classement des

moteurs de recherche, car un contenu pertinent et de haute qualité contribue à améliorer le classement d'un site Web dans les résultats des moteurs de recherche. Cela conduit à une augmentation du trafic sur le site Web et à un plus grand nombre de clients potentiels.

Le marketing de contenu aide également à établir des relations avec les clients, car il permet aux entreprises de fournir des informations utilesqui aident à éduquer et à informer les clients. Cela aide à renforcer la confiance et la fidélité, ce qui conduit à une augmentation des ventes et à la fidélité des clients.

Le marketing de contenu est un outil puissant pour les entreprises de toutes tailles et de tous les secteurs. Cela aide à renforcer la notoriété de la marque, à générer des prospects et à augmenter les ventes. Cela permet également d'améliorer le classement des moteurs de recherche, d'établir des relations avec les clients et d'accroître la fidélité des clients.

Marketing d'influence

Le marketing d'influence est un type de marketing qui se concentre sur l'utilisation de leaders clés pour transmettre le message de votre marque au marché plus large. Plutôt que de commercialiser directement auprès d'un grand groupe de consommateurs, vous inspirez / influencez / embauchez des influenceurs pour faire passer le mot pour vous. Les influenceurs peuvent être n'importe qui, des célébrités auxpersonnes d'aujourd'hui avec un grand nombre de médias sociaux.

L'impact du marketing d'influence sur la croissance de l'entreprise est significatif. Il s'est avéré être l'une des formes de marketing les plus efficaces, avec un retour sur investissement moyen de 6,50 $ pour chaque dollardépensé. En effet, les influenceurs ont la capacité d'atteindre rapidement un large public et leur approbation d'un produit ou d'un service a plus de poids que la publicité traditionnelle.

En outre, le marketing d'influence contribue à renforcer la notoriété et la confiance de la marque. Les influenceurs ont la capacité de créer un lien personnel avec leurs abonnés, ce qui contribue à fidéliser et à renforcer la confiance dans une marque. Cela a entraîné une augmentation des ventes et de la fidélisation de la clientèle.

Le marketing d'influence aide les entreprises à atteindre de nouveaux publics. En s'associant à des influenceurs, les entreprises peuvent exploiter de nouveaux marchés et de nouvelles données démographiques qui n'ont peut-être pas été exposés à leurs produits ou services auparavant. Cela aide les entreprises à étendre leur portée et à augmenter leur clientèle.

Le marketing d'influence est un outil efficace et puissant pour les entreprises qui cherchent à développer leur marque et à augmenter leurs ventes. Il permet de renforcer la confiance et la fidélité, d'atteindre de nouveaux publics et de générer un retour sur investissement élevé.

Optimisation pour les moteurs de recherche

L'optimisation pour les moteurs de recherche (SEO) est le processus d'optimisation d'un site Web ou d'une page Web pour augmenter sa visibilité dans les résultats des moteurs de recherche. Le référencement permet de s'assurer qu'un site Web est accessible à un moteur de recherche et améliore les chances que le site Web soit trouvé par le moteur de recherche. Le référencement est une partie importante de la présence en ligne de toute entreprise, car il aide à générer du trafic organique vers le site Web et conduit à une augmentation des ventes et de la notoriété de la marque.

Le référencement est une stratégie à long terme qui consiste à optimiser un site Web pour des mots-clés et des expressions spécifiques qui sont pertinents pourles produits ou services de l'entreprise. Le référencement consiste à optimiser le contenu, la structure et le code du site Web pour le rendre plus attrayant pour les moteurs de recherche. Le référencement implique également la création de liens à partir d'autres sites Web vers le site Web, ainsi que l'optimisation de la présence du site Websur les médias sociaux.

L'impact du référencement sur la croissance des entreprises est significatif. Le référencement aide à augmenter le trafic organique vers un site Web, ce qui entraîne une augmentation des ventes et de la notoriété de la marque. Le référencement contribue également à améliorer la visibilité du site Web dans les résultats des moteurs de recherche, ce qui conduit plus de personnes à trouver le site Web et à s'engager avec l'entreprise. Le référencement contribue également à améliorer la convivialité du site Web, ce qui conduit à une satisfaction et une fidélité accrues des clients.

Le référencement est une partie importante de la présence en ligne de toute entreprise et a un impact significatif sur la croissance de l'entreprise. Le référencement aide à augmenter le trafic organique vers le site Web, à améliorer la visibilité du site Web dans les résultats des moteurs de recherche et à améliorer la convivialité du site Web. Tous ces facteurs entraînent une augmentation des ventes et de la qualité de la marque, ce qui contribue à stimuler la croissance de l'entreprise.

Publicité mobile

La publicité mobile est une forme de marketing numérique qui utilise des appareils mobiles pour atteindre des clients potentiels. Il s'agit d'une forme de publicité en croissance rapide qui peut être utilisée pour cibler les clients de diverses manières, y compris le ciblagebasé sur la localisation, le ciblage contextuel et le ciblage démographique. La publicité mobile est utilisée pour promouvoir des produits, des services et des événements, ainsi que pour générer du trafic vers des sites Web et accroître la notoriété de la marque.

L'impact de la publicité mobile sur la croissance des entreprises est significatif. Selon une étude, les dépenses publicitaires mobiles devraient atteindre 257,5 milliards de dollars d'ici 2025, contre 69,9 milliards de dollars en 2016. Cette croissance est due au nombre croissant de personnes utilisant des appareils mobiles pour accéder à Internet, ainsi qu'au nombre croissant de personnes utilisant des appareils mobiles pour effectuer des achats.

La publicité mobile est utilisée pour atteindre des clients potentiels de diverses manières. Par exemple, le ciblage basé sur la localisation peut être utilisé pour cibler des clients dans une zone géographique spécifique. Le ciblage contextuel est utilisé pour cibler les clients en fonction de leurs intérêts ou de leur comportement. Le ciblage démographique est utilisé pour cibler les clients en fonction de leur âge, de leur sexe ou d'autres caractéristiques démographiques.

La publicité mobileest également utilisée pour accroître la notoriété de la marque. En tirant parti de la puissance des appareils mobiles, les entreprises atteignent les clients potentiels d'une manière plus personnelle et engageante. La publicité mobile est également utilisée pour générer du trafic vers des sites Web, augmenter les téléchargements d'applications et générer des prospects.

En plus d'accroître la notoriété de la marque et de générer du trafic, la publicité mobile est également utilisée pour augmenter les ventes. En ciblant les clients avec des annonces pertinentes, les entreprises augmentent leurs chances de réaliser une vente. La publicité mobile est également utilisée pourfidéliser davantage les clients en les engageant avec des messages et des offres personnalisés.

Publicité imprimée

La publicité imprimée est une forme de publicité qui utilise des médias imprimés physiques, tels que des magazines, des journaux et du publipostage, pour atteindre un public cible. C'est l'une des plus anciennes formes de publicité, avec une longue histoire de succès. La publicité imprimée est un moyen efficace d'atteindre un large public et d'aider les entreprises à croître et à étendre leur portée.

La publicité imprimée est utilisée pour cibler un public spécifique, tel qu'un certain groupe d'âge ou une certaine zone géographique. Il est également utilisé pour atteindre un large public, tel qu'un marché national ou mondial. La publicité imprimée est utilisée pour promouvoir un produit ou un service, créer une notoriété de marque et augmenter les ventes. Il est également utilisé pour établir des relationsavec les clients, augmenter la fidélité des clients et créer une image de marque positive.

La publicité imprimée est utilisée de diverses façons pour atteindre un public ciblé. Il est utilisé pour créer des campagnes de publipostage, placer des annonces dans les journaux et les magazines, et distribuer des dépliants. Il est également utilisé pour créer des panneaux d'affichage, des affiches et d'autres formes de publicité extérieure.

La publicité imprimée est un moyen rentable d'atteindre un large public et d'aider les entreprises à croître et à étendre leur portée.

Publicité à la radio

Radio advertising est un outil puissant pour les entreprises de toutes tailles. C'est un moyen efficace d'atteindre un large public, et il est utilisé pour cibler des données démographiques spécifiques. La publicité radio est utilisée pour créer une notoriété de marque, augmenter les ventes et fidéliser les clients.

La publicité radiophonique est un moyen rentable d'atteindre un large public. Il est relativement peu coûteux par rapport à d'autres formes de publicité, telles que la télévision ou la presse écrite. La publicité à la radio peut également être adaptée à des données démographiques spécifiques, ce qui permet aux entreprises de cibler leur message aux bonnes personnes.

La publicité à la radio est utilisée pour créer une notoriété de marque. Il est utilisé pour présenter un nouveau produit ou service au public, ou pour rappeler aux gens un produit ou un service existant. La publicité à la radio peut également être utilisée pouraugmenter les ventes. Il est utilisé pour promouvoir une vente ou une offre spéciale, ou pour encourager les gens à acheter un produit ou un service.

La publicité à la radio peut également être utilisée pour fidéliser la clientèle. En créant un message cohérent, les entreprises peuvent établir une relation avec leurs clients. Cela peut conduire à des clients réguliers et à une augmentation des ventes.

La publicité radiophonique peut également être utilisée pour atteindre une grande variété de publics. Il est utilisé pour cibler des groupes d'âge, des sexes ou des zones géographiques spécifiques. Cela permet aux entreprises d'adapter leur message aux bonnes personnes.

La publicité à la radio peut avoir un impact positif sur la croissance des entreprises. Il est utilisé pour créer une notoriété de marque, augmenter les ventes et fidéliser les clients. C'est un moyen rentable d'atteindre un large public, et il peut être adapté àdes données démographiques spécifiques. La publicité à la radio est un outil efficace pour les entreprises de toutes tailles.

Publicité télévisée

La publicité télévisée est l'une des formes de publicité les plus puissantes et les plus efficaces disponibles pour les entreprises aujourd'hui. Il a le potentield'atteindre un large public, de générer une notoriété de marque et d'augmenter les ventes. La publicité télévisée est utilisée pour cibler des publics spécifiques, créer un lien émotionnel avec les téléspectateurs et fidéliser la marque.

L'impact de la publicité télévisée sur le monde des affairesest important. Des études ont montré que la publicité télévisée peut accroître la notoriété et la reconnaissance de la marque, créer un lien émotionnel avec les téléspectateurs et augmenter les ventes. Cela peut également aider à fidéliser la marque, à mesure que les téléspectateurs se familiarisent avec le brand et ses produits.

La publicité télévisée peut également être utilisée pour cibler des publics spécifiques. Les entreprises peuvent utiliser des données démographiques pour déterminer quels téléspectateurs sont les plus susceptibles d'être intéressés par leurs produits ou services. Cela leur permet d'adapter leur publicité à ces téléspectateurs, ce qui augmente la probabilité qu'ils répondent à l'annonce.

Les entreprises peuvent utiliser la musique, les visuels et la narration pour créer une réponse émotionnelle chez les téléspectateurs. Cela peut aider à créer un lien émotionnel entre le spectateur et le fils, augmentant ainsi la probabilité qu'ils se souviennent de la marque et achètent ses produits ou services.

La publicité télévisée est utilisée pour fidéliser la marque. Les entreprises peuvent utiliser la publicité télévisée pour créer une relation continue avec les téléspectateurs. Cela peut inclure l'offre de réductions ou de promotions aux téléspectateurs qui regardent la publicité ou la création d'une série d'annonces qui racontent une histoire sur la marque. Cela peut aider à créer un sentiment de fidélité parmi les téléspectateurs, augmentant ainsi la probabilité qu'ils continuent d'acheter les produits ou services de la marque.

En conclusion, la publicité télévisée peut avoir un

impact significatif sur la croissance des entreprises. Il est utilisé pour cibler des publics spécifiques

Points à considérer pour la publicité télévisée.

- **Public cible** : Identifiez le public cible de la publicité télévisée et adaptez le message pour répondre à ses besoins.

- **Budget** : Déterminez un budget réaliste pour la publicité télévisée et assurez-vous qu'il s'inscrit dans le budget marketing global.

- **Timing** : choisissez le meilleur moment pour diffuser la publicité afin de garantir une portée et un impact maximaux.

- **Créatif** : développez un concept créatif pour l'annonce qui captera l'attention du public cible.

- **Script** : Écrivez un script qui transmet le message de manière claire et concise.

- **Production**: Engagez une société de production professionnelle pour produire l'annonce.

- **Voix off** : sélectionnez un artiste de voix off qui donnera vie au script.

- **Musique** : choisissez une musique qui améliorera l'annonce et créera l'ambiance souhaitée.

- **Visuels** : Sélectionnez des éléments visuels qui aideront à communiquer le message.

- **Placement** : Décidez où la publicité sera placée dans la grille horaire de télévision.

- **Durée** : déterminez la durée de l'annonce et assurez-vous qu'elle respecte le temps imparti.

- **Fréquence** : décidez de la fréquence à laquelle la publicité doit être diffusée pour maximiser son impact.

- **Suivi**: Mettez en place un système de suivi pourassurer le succès de l'annonce.

- **Évaluation** : analysez les résultats de l'annonce et apportez les ajustements nécessaires.

- **ROI** : Calculez le retour sur investissement de l'annonce pour déterminer son efficacité.

- **Image de marque** : utilisez l'annonce pour accroître la notoriété et la reconnaissance de la marque.

- **Promotions** : utilisez l'annonce pour promouvoir des offres spéciales et des réductions.

Publications spécialisées

Les publications spécialisées, également appelées revues spécialisées, sont des magazines ou des journaux qui se concentrent sur une industrie ou un secteur spécifique, tel que la finance, la technologie ou les soins de santé. Ils fournissent des nouvelles, des analyses et des opinions sur l'industrie, ainsi que des informations sur les nouveaux produits et services. Les publications spécialisées sont souvent utilisées par les entreprises pour se tenir au courant des tendances de l'industrie et pour mieux comprendre leurs concurrents.

Les publications commercialespeuvent avoir un impact significatif sur la croissance des entreprises. Ils fournissent aux entreprises des informations précieuses sur l'industrie, telles que les tendances du marché, les nouveaux produits et services et les technologies émergentes. Ces informations peuvent aider les entreprises à prendre des décisions éclairées concernant leurs stratégies et leurs opérations. Les publications spécialisées peuvent aider les entreprises à identifier des partenaires, des clients et des fournisseurs   potentiels.

Les publications spécialisées peuvent également être utilisées pour promouvoir les produits et services d'une entreprise. En faisant de la publicité dans les publications spécialisées, les entreprises peuvent atteindre leur public cible et accroître leur visibilité. Les entreprises peuvent utiliser les publications spécialisées pour établir des relations avec les leaders et les influenceurs de l'industrie. Cela peut aider les entreprises à établir leur crédibilité et à accéder à de nouveaux marchés.

Les publications spécialisées peuvent aider les entreprises à garder une longueur d'avance sur la concurrence. En lisant des publications spécialisées, les entreprises peuvent se tenir au courant des tendances de l'industrie et mieux comprendre les stratégies de leurs concurrents. Cela peut aider les entreprises à garder une longueur d'avance sur la concurrence et à se positionner pour réussir.

Publicité extérieure

La publicité extérieure est une forme de publicité qui utilise des structures physiques pour promouvoir des produits, des services et des marques. Il comprend des panneaux d'affichage, des panneaux, des affiches, des bannières et d'autres formes de communication visuelle. La publicité extérieure est l'une des formes les plus anciennes depublicité, et c'est toujours l'un des moyens les plus efficaces d'atteindre un large public.

La publicité extérieure a le potentiel d'atteindre un grand nombre de personnes en peu de temps. Il est souvent utilisé pour créer une notoriété de marque et pour stimuler les ventes. Il peutégalement être utilisé pour créer un sentiment d'urgence et pour encourager les gens à agir. La publicité extérieure peut être utilisée pour cibler des publics spécifiques, tels que ceux d'une certaine zone géographique ou ceux ayant des intérêts spécifiques.

La publicité extérieure est également efficace. Il est souvent moins cher que d'autres formes de publicité, telles que la télévision et la radio. Il est également plus flexible, car il peut être changé rapidement et facilement.

La publicité extérieure peut avoir un impact positif sur la croissance de l'entreprise.

Points à considérer comme dela publicité extérieure.

- **Emplacement** : Le choix du bon emplacement pour la publicité extérieure est essentiel à son succès. Choisissez des endroits où le trafic piétonnier et la visibilité sont élevés.

- **Timing**: Le timing est la clé lorsqu'il s'agit de publicité extérieure. Déterminez quand les gens sont les plus susceptibles de voir l'annonce et planifiez en conséquence.

- **Conception**: Assurez-vous que votre publicité extérieure est accrocheuse et mémorable. Utilisez des couleurs vives, des polices audacieuses et un design attrayant.

- **Public cible**: Connaissez votre public cible et adaptez votre publicité extérieureà ses besoins. Tenez compte de leur âge, de leur sexe, de leurs intérêts et d'autres informations démographiques.

- **Coût**: La publicité extérieure peut coûter cher, alors assurez-vous d'avoir un budget en place. Tenez compte de votre retour sur investissement lorsque vous décidez combien dépenser.

- **Mesure** : Suivez vos campagnes publicitaires extérieures pour mesurer leur efficacité. Utilisez des statistiques telles que les impressions, les clics et les conversions pour déterminer si vos campagnes sont réussies.

- **Variété**: Essayez différents types de publicité extérieure pour atteindre différentspublics. Pensez aux panneaux d'affichage, aux arrêts d'autobus et à d'autres formes de publicité extérieure.

- **Fréquence** : Assurez-vous que votre publicité extérieure est souvent vue. Envisagez de lancer plusieurs campagnes dans la même zone pour augmenter la visibilité.

- **Cohérence** : Gardez votre publicité extérieure cohérente avec vos autres efforts de marketing. Utilisez la même image de marque, la même messagerie et les mêmes éléments visuels dans toutes vos campagnes.

- **Médias sociaux** : tirez parti des médias sociaux pour augmenter la portée de votre publicité extérieure. Utilisez des hashtags, des liens et d'autres tactics pour diriger les gens vers votre site Web ou vos comptes de médias sociaux.

- **Interactivité** : rendez votre publicité extérieure interactive en ajoutant des codes QR, de la réalité augmentée ou d'autres éléments interactifs.

Publicité sur le point de vente

La publicité au point de vente (PDV) est un type de marketing utilisé pour promouvoir des produits et des services au point de vente. C'est une forme de publicité en magasin qui est utilisée pour augmenter les ventes et la notoriété de la marque. La publicité POS est utilisée pour attirer l'attention sur les produits et les services et pour encourager les clients à les acheter.

La publicité POS peut être utilisée de diverses façons, y compris les affichages, les affiches, les bannières, les panneaux et autres matériaux. Il peut également être utilisé en combinaison avec d'autres techniques de marketing, telles que des coupons, des discousnts et des   promotions.

La publicité POS est un moyen efficace d'atteindre les clients au point de vente. Il est utilisé pour augmenter les ventes en rappelant aux clients le produit ou le service, ainsi que pour créer une notoriété de la marque. Il peut également être utilisé pour informer les clients des offres spéciales et des promotions.

La publicité POS peut avoir un impact positif sur la croissance de l'entreprise. Cela peut aider à augmenter les ventes et la notoriété de la marque, ainsi qu'à créer une impression positive de l'entreprise. Cela peut également aider à fidéliser davantage la clientèle, car les clients sont plus susceptibles de revenir dans un magasin s'ils ont une expérience positive.

La publicité POS peut être un moyen rentable d'atteindre les clients. Il peut être utilisé pour cibler des clients spécifiques, tels que ceux qui sont susceptibles d'acheter un produit ou un service particulier. Il peut également être utilisé pour atteindre un public plus large, comme ceux qui ne connaissent peut-être pas le produit ou le service.

La publicité POS est utilisée pour créer une impression positive de l'entreprise. Il est utilisé pour montrer aux clients que l'entreprise est professionnelleet fiable. Il peut également être utilisé pour créer un sentiment d'urgence, car les clients peuvent être plus susceptibles d'acheter un produit ou un service s'ils le ressentent.

CHAPITRE DIX

Créer le budget et le plan financier

La création d'un budget et d'un plan financier pour une nouvelle entreprise est une étape importante dans le processus de démarrage d'une entreprise. Il est essentiel d'avoir une compréhension claire des ressources financières disponibles pour l'entreprise et de la façon dont elles seront utilisées.

La planification financière d'une nouvelle entreprise est une étape importante pour assurer le succès de l'entreprise. Cela implique d'analyser la situation financière actuelle, d'établir des objectifs financiers et d'élaborer des stratégies pour atteindre ces objectifs.

- **Analyse de la situation financière actuelle**: Cela implique d'examiner la situation financière actuelle de l'entreprise, y compris les flux de trésorerie, les revenus, les dépenses, les actifs, les passifs et la valeur nette. Cette analyse vous aidera à identifier les problèmes potentiels et les domaines à améliorer.

- **Fixer des objectifs financiers**: Une fois que vous avez une compréhension claire de la situation financière actuelle, vous définissez des objectifs financiers pour l'entreprise. Ces objectifs devraient être réalistes et réalisables et devraient inclure des objectifs à court et à long terme avec les cibles financières qui doivent être atteintes.

- **Développer des stratégies**: Après avoir fixé des objectifs financiers, vous devez élaborer des stratégies pour atteindre ces objectifs. Cela peut inclure la budgétisation, l'investissement et la gestion de la dette.

- **Suivi des progrès** : Une fois que vous avez établi vos objectifs et stratégies financiers, vous devez surveiller les progrès pour vous assurer que les objectifs sont atteints. Cela peut être fait en suivant les revenus et les dépenses et en les comparant aux objectifs.

- **Analyser le marché**: L'étape suivante consiste à analyser le marché. Quelle est la taille du marché? Qui sont les concurrents? Quelles sont les tendances dans l'industrie?

- **Estimer les coûts de démarrage**: Une fois les objectifs et l'analyse de marché terminés, l'étape suivante consiste à estimer les coûts de démarrage de l'entreprise. Cela comprend le coût de l'équipement, des fournitures, des stocks et de tous les autres coûts associés àla mise en place et au fonctionnement de l'entreprise.

- **Estimation des dépenses d'exploitation** : Une fois que les coûts de démarrage ont été estimés, l'étape suivante consiste à estimer les dépenses d'exploitation. Cela comprend le coût de la main-d'œuvre, du loyer, des services publics, des assurances, de la publicité et d'autres dépensesassociées à l'exploitation de l'entreprise.

- **Créer un budget** : Une fois que les coûts de démarrage et les dépenses d'exploitation ont été estimés, l'étape suivante consiste à créer un budget. Cela comprend l'établissement d'un budget pour chaque catégorie de dépenses et la création d'un calendrier pour le moment où les dépensesseront engagées.

- **Créer un plan financier** : La dernière étape de la création d'un budget et d'un plan financier pour une nouvelle entreprise consiste à créer un plan financier. Cela comprend la création d'une projection des flux de trésorerie, la mise en place d'un système de suivi des revenus et des dépenses.

La planification financière d'une nouvelle entreprise est une étape importante pour assurer le succès de l'entreprise. En analysant la situation financière actuelle, en fixant des objectifs financiers, en élaborant des stratégies pour atteindre ces objectifs et en surveillant les progrès, vous pouvez vous assurerque votre entreprise est sur la bonne voie.

CHAPITRE ONZE

Obtention de financement et de capitaux

L'obtention de financement et de capitaux pour une nouvelle entreprise est un processus essentiel et souvent difficile. Il est important de comprendre les différentes sources de financement disponibles et d'élaborer une stratégie globale pour obtenir le capital nécessaire.

La première étape pour obtenir du financement et du capital pour une nouvelle entreprise consiste à évaluer la situation financière actuelle. Cela comprend l'évaluation des flux de trésorerie actuels, de l'ampleur de la dette et du niveau des capitaux propres. Il est important de comprendre les besoins financiers de l'entreprise et d'élaborer un plan sur la façon dont l'argent sera utilisé.

Une fois la situation financière évaluée, l'étape suivante consiste à identifier les sources potentielles de financement et de capital. Ces sources peuvent inclure des prêteurs traditionnels tels que les banques, les investisseurs en capital-risque, les investisseurs providentiels et les subventions gouvernementales. Il est important de rechercher les différentes options disponibles et de déterminer celles qui conviennent le mieux   à   l'entreprise.

Une fois que les sources de financement et de capital ont été identifiées, l'étape suivante consiste à créer un plan financier. Ce plan devrait inclure des informations détaillées sur les coûts de l'entreprise, y compris les coûts des produits et des services offerts, la disponibilité du marché cible, le paysage concurrentiel et les projections financières. Ce plan devrait également comprendre une description détaillée de l'utilisation proposée des fonds et un échéancier pour l'utilisation des fonds.

Une fois le plan financier créé, l'étape suivante consiste à le présenter aux investisseurs potentiels. Cela peut impliquer de présenter le plan à des banques, des investisseurs en capital-risque, des investisseurs providentiels ou des organismes gouvernementaux. Il est important d'être prêt à répondre à toutes les questions qui pourraient se poser et à fournir des informations détaillées sur l'entreprise et l'utilisation proposée des fonds.

Une fois que le financement et le capital ont été obtenus, il est important d'élaborer un plan sur la façon dont l'argent sera utilisé.

Divers moyens et moyens d'obtenir du financement et des capitaux
Crowdfunding

Le financement participatif est un moyen de recueillir des fonds pour un projet ou une entreprise commerciale en demandant à un grand nombre de personnes de contribuer une petite somme d'argent.

Cela se fait généralement via une plate-forme en ligne. Le financement participatif peut aider les nouvelles entreprises en leur donnantaccès à des capitaux auxquels elles n'auraient peut-être pas pu accéder autrement. Cela leur permet également de tester le marché de votre produit ou service et d'évaluer le niveau d'intérêt pour celui-ci. Il est utilisé pour construire une communauté de supporters autour de l'entreprise, ce qui estinestimable pour le marketing et la promotion.

Investisseurs providentiels

Les investisseurs providentiels sont des personnes qui fournissent des capitaux aux entreprises en démarrage en échange de capitaux propres. Ils investissent généralement leur propre argent et sont généralement des particuliers fortunés. Les investisseurs providentiels fournissentdes capitaux indispensables aux start-ups lorsque le financement traditionnel n'est pas disponible. Ils vous fournissent également de précieux conseils et un mentorat, vous aidant à développer et à faire croître vos entreprises. Les investisseurs providentiels ont souvent un intérêt direct dans le succès de l'entreprise et peuvent fournir des conseils précieux pour aider l'entreprise à réussir.

Prêts bancaires

Les prêts bancaires sont des fonds qui sont prêtés par une banque à une entreprise ou à un particulier. Ils sont généralement utilisés pour financer des achats ou des investissements importants, tels que l'achat d'un nouveau bâtiment, l'achat d'équipement ou l'expansion d'une entreprise. Les prêts bancaires sont généralement garantis par des garanties, telles que les actifs d'une entreprise ou une maison personnelle.

Les prêts bancaires peuvent être une bonne option pour vos entreprises afin d'obtenir le capital nécessaire pour démarrer. En contractant un prêt, vous pouvez acheter l'équipement, les fournitures et les autres ressources dont vous avez besoin pour démarrer votre entreprise. Les prêts bancaires peuvent être utilisés pour financer l'expansion d'une entreprise existante, ce qui lui permet de croître et d'augmenter ses bénéfices.

Les prêts bancaires peuvent aider les nouvelles entreprises en leur donnant accès à des capitaux utilisés pour acheter de l'équipement, embaucher des employés et couvrir les dépenses d'exploitation . Les prêts bancaires peuvent également donner aux entreprises la possibilité d'établir des antécédents de crédit, ce qui est bénéfique pour le financement futur. Les banquespeuvent offrir aux entreprises la flexibilité de rembourser le prêt sur une plus longue période, ce qui vous permet de vous concentrer sur la croissance de votre entreprise.

Capital-risque

Les investisseurs en capital-risque sont des investisseurs qui fournissent des capitaux à des entreprises en démarrage et à de petites entreprisesconsidérées comme ayant un potentiel de croissance à long terme. Les investisseurs en capital de risque peuvent aider les nouvelles entreprises en leur fournissant des capitaux pour les aider à croître, ainsi qu'en leur offrant des conseils et des orientations sur la meilleure façon d'utiliser les fonds. Ils peuvent également aider à la mise en réseau et aux présentations à des partenaires et clients potentiels.

Les investisseurs en capital de risque sont des investisseurs qui fournissent des capitaux aux entreprises en échange de capitaux propres. Il s'agit généralement de particuliers fortunés, de sociétés d'investissement ou de banques spécialisées dans la fourniture de capitaux à des entreprises en démarrage. Les investisseurs en capital-risque investissent généralement dans des entreprises qui ont le potentiel de croître rapidement et de générer des rendements élevés.

Les investisseurs en capital de risque peuvent fournir aux nouvelles entreprises le capital dont elles ont besoin pour démarrer et croître. Ils peuvent également fournir des conseils précieux et du mentorat aux entrepreneurs, les aidant à prendre les bonnes décisions et à naviguer dans les complexités du monde des entreprises en démarrage. Les investisseurs en capital-risque peuvent également aider les nouvelles entreprises à obtenir des financements supplémentaires, par exemple auprès d'investisseurs providentielsou d'autres sociétés de capital-risque.

Les investisseurs en capital-risque recherchent généralement des entreprises dotées d'une équipe de direction solide, d'un plan d'affaires clair et d'un produit ou d'un service susceptible d'évoluer rapidement. Ils recherchent également des entreprises qui ont le potentielde générer des rendements élevés sur leurs investissements.

Les investisseurs en capital de risque peuvent être une excellente source de financement et de conseils pour les nouvelles entreprises. Cependant, il est important de se rappeler que les investisseurs en capital de risque cherchent à rentabiliser leurs investissements, vous devriez donc être prêt à céder une partie de votre entreprise en échange du capital que vous recevez.

Subventions aux petites entreprises

Les subventions aux petites entreprises sont des fonds fournis par le gouvernement ou des organismes privés pour aider les nouvelles entreprises à démarrer. Ces grants peuvent fournir des capitaux pour couvrir les coûts de démarrage, acheter de l'équipement, embaucher des employés, et plus encore. Les subventions peuvent être utilisées pour couvrir un large éventail de dépenses, y compris le marketing, la recherche et le développement, et les coûts opérationnels. Les subventions peuvent également être utilisées pour aider les entreprises à développer ou à diversifier leurs activités. Les subventions sont une occasion pour les nouvelles entreprises d'obtenir le capital dont elles ont besoin pour démarrer et réussir.

Les subventions aux petites entreprises aident les nouvelles entreprises à démarrer. Les subventions peuvent fournir le capital dont ils ont grandement besoin pour aider les entrepreneurs à lancer leur entreprise et couvrir les coûts de démarrage. Les subventions peuvent également être utilisées pour aider les entreprises à étendre leurs activités, à acheter de nouveaux équipements, à embaucher de nouveaux employés,   etc.

La première étape d'une demande de subvention aux petites entreprises consiste à déterminer quelles subventions sont disponibles. Il existe une variété de subventions disponibles, des subventions centrales et étatiques aux subventions privées de fondations et d'autres organisations. Il est important de rechercher les différents types de subventions disponibleset de déterminer celles qui conviennent le mieux à votre entreprise.

Une fois que vous aurez identifié les subventions disponibles, vous devrez remplir une demande. Le processus de demande peut varier en fonction de la subvention, mais nécessite généralement un plan d'activité détaillé, desétats financiers et d'autres documents justificatifs. Il est important d'être complet et précis lorsque vous remplissez la demande afin de maximiser vos chances d'obtenir la subvention.

Une fois la demande soumise, le processus d'examen de la demande peut prendre plusieurs semaines ou mois. Pendant ce temps, le comité d'examen des subventions examinera la demande et décidera d'accorder ou non la subvention. Si la subvention est accordée, les fonds seront distribués à l'entreprise et utilisés auxfins spécifiées.

Les subventions aux petites entreprises aident à lancer une nouvelle entreprise. Ils peuvent fournir le capital nécessaire pour couvrir les coûts de démarrage, acheter de nouveaux équipements, embaucher de nouveaux employés, et plus encore. Il est important de faire des recherches sur les différents types de subventions disponibles et de remplir une demande complète et précise afin de maximiser vos chances d'obtenir la subvention.

Famille et amis

La famille et les amis sont une excellente source de soutien pour les nouvelles entreprises. Ils peuvent fournir un soutien émotionnel et financier, ainsi que des conseils pratiques et une assistance. Voici quelques-unes des façons dont la famille et les amis peuvent aider les nouvelles entreprises :

- **Soutien financier** : La famille et les amis peuvent fournir un soutien financier aux nouvelles entreprises, que ce soit par des investissements directs ou des prêts. C'est un bon soutien pour faire décoller l'entreprise, car il peut fournir le capital nécessaire pour démarrer.

- **Soutien émotionnel et moral**: Le démarrage d'une entreprise est un processus stressant et difficile. Avoir de la famille et des amis à surveillerpeut fournir le soutien émotionnel nécessaire pour traverser les moments difficiles. La famille et les amis peuvent fournir le soutien nécessaire pour aider le propriétaire de l'entreprise à rester motivé et concentré sur la tâche à accomplir.

- **Conseils pratiques**: La famille et les amis peuvent fournir des conseils précieux et des conseils sur la façon de démarrer et de gérer une entreprise. Ils peuvent avoir de l'expérience dans l'industrie ou connaître quelqu'un qui fournit et peut fournir des informations précieuses sur le processus.

- **Réseautage**: La famille et les amis peuvent aider à élargir le réseau de l'entreprise en les présentant à desclients, des fournisseurs et des partenaires potentiels. Cela aidera à faire décoller l'entreprise et à accroître sa portée.

- **Promotion**: La famille et les amis peuvent aider à promouvoir l'entreprise en faisant passer le mot à son propre réseau. C'estune bonne méthode pour faire remarquer l'entreprise et augmenter sa clientèle.

- **Capitaux de démarrage** : La famille et les amis peuvent fournir le capital initial nécessaire pour lancer une entreprise. Cela se fait par le biais d'un prêt ou d'un investissement en échange de capitaux propres dans l'usine.

- **Mentorat** : La famille et les amis peuvent fournir des conseils et des conseils inestimables pour aider le propriétaire de l'entreprise à prendre des décisions éclairées.

- **Promotion**: La famille et les amis peuvent aider à faire connaître l'entreprise en en parlant à leurs propres contacts et abonnés aux médias sociaux.

- **Services gratuits**: La famille et les amis peuvent offrir leurs services gratuitement ou à un tarif réduit pour aider l'entreprise à démarrer . Cela pourrait inclure des services comptables, juridiques, de marketing ou de conception Web.

- **Financement participatif** : La famille et les amis peuvent aider le propriétaire de l'entreprise à recueillir des fonds par le biais de plateformes de financement participatif.

- **Investisseurs providentiels** : La famille et les amis peuvent présenter l'entreprise à des investisseurs providentiels qui peuvent fournir de plus grandes quantités de capital en échange de capitaux propres dans l'entreprise.

La famille et les amis peuvent être d'excellentes sources de soutien pour les nouvelles entreprises. Ils peuvent fournir un soutien financier, émotionnel et pratique, ainsi qu'aider à élargir le réseau de l'entreprise et à le promouvoir auprès de leurs propres réseaux.

Cartes de crédit d'entreprise

Les cartes de crédit d'entreprise sont un type de carte de crédit spécialement conçu pour répondre aux besoins des entreprises. Ils sont conçus pour aider les entreprises à gérer leurs flux de trésorerie, à effectuer des achats et à suivre leurs dépenses. Les cartes de crédit d'entreprise offrent une variété d'avantages, y compris des récompenses, des remises en argent et d'autres   incitatifs.

Les cartes de crédit d'entreprise peuvent aider les entreprises de diverses façons. Ils peuvent aider les entreprises à gérer leurs flux de trésorerie en leur donnant accès à des fonds en cas de besoin. Les entreprises peuvent utiliser les cartes pour effectuer des achats, payer des services et couvrir d'autresdépenses. Les cartes de crédit d'entreprise aident également les entreprises à suivre leurs dépenses, ce qui facilite la gestion des finances.

Les cartes de crédit d'entreprise peuvent également aider les entreprises à bâtir leur crédit. Les entreprises peuvent utiliser les cartes pour établir des antécédents de crédit et établir un bon pointage de crédibilité. Ceci est avantageux lors de la demande de prêts ou d'autres   financements.

Les cartes de crédit d'entreprise peuvent également offrir aux entreprises des récompenses et des remises en argent. De nombreuses cartes de crédit d'entreprise offrent des programmes de récompenses, tels que des points ou des remises en argent, qui sont utilisés pour acheter des articles ou des services. Cela peut aider les entreprises à économiser de l'argent et à augmenter leurs   résultats.

Les cartes de crédit d'entreprise peuvent également aider les entreprises à assumer leurs coûts de démarrage. De nombreuses cartes de crédit d'entreprise offrent des taux de lancement bas et d'autres incitatifs, tels que l'absence de frais annuels, qui peuvent aider les entreprises à démarrer. Cela peut aider les entreprises à économiser de l'argent et à réduire leurs coûts de démarrage.

Les cartes de crédit professionnelles peuvent être un excellent outil pour les entreprises de toutes tailles. Ils peuvent aider les entreprises à gérer leurs flux de trésorerie, à faire des achats et à gérer leursdépenses. Ils peuvent également aider les entreprises à bâtir leur crédit et à économiser de l'argent grâce à des récompenses et à des remises en argent. Les cartes de crédit d'entreprise peuvent généralement être bonnes pour aider les entreprises à démarrer et à croître.

Incubateurs d'entreprises

Un incubateur d'entreprises est un programme conçu pouraider les entreprises nouvelles et en démarrage à se développer en fournissant des services tels que la formation en gestion, l'accès au financement et les bureaux. Les incubateurs d'entreprises sont généralement parrainés par des universités, des organismes de développement économique ou des organismes gouvernementaux. L'objectif d'un incubateur d'entreprises est d'aider les entrepreneurs à lancer et à faire croître leur entreprise, et de créer des emplois et du développement économique dans la communauté locale.

Les incubateurs d'entreprises offrent une gamme de

services pour aider les entrepreneurs à lancer et à développer leurs entreprises. Ces services peuvent inclure :

- **Formation en gestion**: Les incubateurs d'entreprises offrent une formation sur des sujets tels que la planification d'entreprise, le marketing, la comptabilité et les questions juridiques.

- **Accès au financement** : Les incubateurs d'entreprises peuvent aider les entrepreneurs à obtenir du financement auprès de sociétés de capital de risque, d'investisseurs providentiels et d'autres sources.

- **Espace de bureau** : Les incubateurs d'entreprises offrent aux entrepreneurs des espaces de bureaux qu'ils peuvent utiliser pendant qu'ils lancent et développent leur entreprise.

- **Mentorat** : Les incubateurs d'entreprises offrent du mentorat et des conseils d'entrepreneurs et de professionnels du monde des affaires expérimentés.

- **Réseautage** : Les incubateurs d'entreprises peuvent aider les entrepreneurs à réseauter avec d'autres entrepreneurs, investisseurs et clients potentiels.

- **Technologie** : Les incubateurs d'entreprises peuvent donner accès à la technologie et aux ressources les plus récentes pour aider les entrepreneurs à lancer et à faire croître leur entreprise.

Les incubateurs d'entreprises peuvent être une excellente ressource pour les entrepreneurs qui lancent et font croître leur entreprise. Ils donnent accès à des ressources, à de la formation et à du mentorat quipeuvent aider les entrepreneurs à réussir. Les incubateurs d'entreprises peuvent aider à créer des emplois et à favoriser le développement économique dans la collectivité locale.

Concours d'affaires

Les concours d'affaires sont des événements qui incitent les entrepreneurs à développer des solutions innovantes et créatives à des problèmes commerciaux réels. Les concours sont conçus pour encourager les entrepreneurs à sortir des sentiers battus, à trouver de nouvelles idées et à développer leurs compétences en affaires.

Les concours d'entreprises offrent aux entrepreneurs une plate-forme pour mettre en valeur leurs compétences, travailleravec des investisseurs potentiels et obtenir de précieux commentaires d'experts. Les concours offrent également aux entrepreneurs une excellente occasion de se faire connaître et de reconnaître leurs idées d'affaires.

Les concours d'affaires peuvent aider les start-ups

dans une variété de domaines. Tout d'abord, ils fournissent une plate-forme aux entrepreneurs pour mettre en pratique leurs compétences et développer leurs idées commerciales. Les concours offrent également aux entrepreneurs une excellente occasion de réseauter avec des investisseurs potentiels et d'obtenir de précieux commentaires d'experts.

Enoutre, les concours d'entreprises peuvent fournir aux start-ups un accès au financement et aux ressources. De nombreux concours offrent des prix tels que de l'argent, du mentorat et l'accès à des incubateurs et des accélérateurs. Ces ressources sont inestimables pour les start-ups qui cherchent à fairedécoller leur activité.

Les concours commerciaux peuvent aider les entreprises en démarrage à gagner en reconnaissance et en visibilité. Gagner un concours est très agréable pour faire remarquer votre entreprise et attirer des investisseurs potentiels. Les concours peuvent également fournir une excellente plate-forme aux entrepreneurspour présenter leurs compétences et leurs idées à un public plus large.

Les concours d'affaires aident les start-ups à gagner en visibilité, en ressources et en reconnaissance. Les concours peuvent donner aux entrepreneurs l'occasion de mettre en pratique leurs compétences, de réseauter avec des investisseurs potentiels et d'obtenir de précieux commentaires d'experts. En fin de compte, les concours d'affaires sont parfaits pour les start-ups pour faire décoller leur entreprise.

Microcrédits

Les microprêts sont de petits prêts, allant généralement de 500 $ à 50 000 $, conçus pour aider lesentrepreneurs et les propriétaires de petites entreprises à accéder à des capitaux pour démarrer ou développer leur entreprise. Ces prêts sont généralement accordés par des organismes sans but lucratif, des programmes gouvernementaux ou des microprêteurs spécialisés.

Les microcrédits sont bénéfiques pour les entrepreneurs et les propriétaires de petites entreprises, car ils donnent accès à des capitaux qui ne sont peut-être pas disponibles par le biais de prêts bancaires traditionnels. Les microcrédits sont souvent plus faciles à obtenir que les prêts traditionnels, et ils ont souvent des conditions de remboursement plus flexibles. Les microcrédits peuvent donner accès à des capitaux aux entrepreneurs qui n'ont peut-être pas la cote de crédit ou les garanties nécessaires pour obtenir un prêt traditionnel.

Les microcrédits peuvent être utilisés à diverses fins, y compris l'achat d'équipement, l'embauche d'employés, le lancement d'une campagne de marketing ou l'expansionsur de nouveaux marchés. Ces prêts peuvent également être utilisés pour couvrir les coûts de démarrage d'une entreprise, tels que les frais de licence, les frais juridiques et l'élaboration d'un plan d'affaires.

Les microcrédits peuvent être une bonne source pour les entrepreneurs et les propriétaires de petites entreprises d'accéder à des capitaux pourdémarrer ou développer leur entreprise. Ces prêts peuvent donner accès à des capitaux qui peuvent ne pas être disponibles par le biais de prêts bancaires traditionnels, et ils ont souvent des conditions de remboursement plus flexibles. Les microcrédits peuvent donner accès à des capitaux aux entrepreneurs qui n'ont peut-être pas la cote de crédit ou les garanties nécessaires pour obtenir un prêt traditionnel.

Épargne personnelle

L'épargne personnelle est un élément clé de tout développement et démarrage d'entreprise. Avoir un compte d'épargne sain peut aider les entrepreneurs à couvrir les coûts de démarrage d'une entreprise, ainsi qu'à fournir un coussin en cas de dépenses imprévues. L'épargne peut également être utilisée pour investir dans l'entreprise, ce qui permet aux entrepreneurs de tirer parti des opportunités qui peuvent se présenter.

La première étape dans l'utilisation de l'épargne personnelle pour développerune entreprise est de créer un budget. Ce budget devrait inclure toutes les dépenses nécessaires associées au démarrage de l'entreprise, telles que le loyer, les services publics et les fournitures. Une fois le budget établi, l'entrepreneur doit mettre de côté une partie de son revenuchaque mois pour l'épargner. Cela aidera à s'assurer qu'il y a suffisamment d'argent disponible pour couvrir les coûts de démarrage de l'entreprise.

Une fois que l'entreprise est opérationnelle, l'entrepreneur devrait continuer à épargner une partie de ses revenus. Cet argent est utilisé pour investir dans l'entreprise, comme l'achat de nouveaux équipements ou l'embauche de personnel supplémentaire. Il peut également être utilisé pour couvrir des dépenses imprévues, telles que des réparations ou des coûts imprévus.

Avoir un compte d'épargne sain peut également fournir aux entrepreneurs unaccès au capital. Ce capital est utilisé pour développer l'entreprise, permettant à l'entrepreneur de profiter de nouvelles opportunités. Il peut également être utilisé comme garantie pour les prêts, permettant à l'entrepreneur d'accéder à des fonds supplémentaires si nécessaire.

Avoir uncompte d'épargne guérit peut offrir aux entrepreneurs une tranquillité d'esprit. Savoir qu'il y a de l'argent de côté pour les dépenses imprévues peut aider à réduire le stress et permettre aux entrepreneurs de se concentrer sur la croissance de leur entreprise.

L'épargne personnelle est un élément essentiel du développement et du démarrage de votre entreprise. En établissant un budget et en mettant de côté une partie de votre revenu chaque mois, vous pouvez vous assurer que vous disposez de suffisamment de liquidités pour que votre entreprise démarre.

Subventions gouvernementales

Les subventions gouvernementales sont une formed'aide financière fournie par le gouvernement pour aider les entreprises à se développer. Les subventions sont généralement accordées aux entreprises qui démontrent un besoin de fonds et un engagement à les utiliser aux fins prévues.

Les subventions gouvernementales sont utilisées pour diverses activités, notamment la recherche et le développement, les investissements en capital, le marketing et la formation. Les subventions peuvent également être utilisées pour aider les entreprises à pénétrer de nouveaux marchés, à embaucher du personnel supplémentaire ou à acheter de nouveaux équipements.

Les subventions gouvernementales sont généralement accordées dans le cadred'un processus concurrentiel. Les entreprises doivent présenter une demande qui décrit leur projet, le montant du financement demandé et la façon dont les fonds seront utilisés. Les demandes sont ensuite examinées par un groupe d'experts qui évaluent le potentiel de réussite du projet.

Les subventions gouvernementales peuvent fournir aux entreprises les ressources financières dont elles ont besoin pour démarrer et croître. Les subventions peuvent aider les entreprises à couvrir les coûts de la recherche et du développement, des investissements en capital et du marketing. Les subventions peuvent également aider les entreprises à pénétrer de nouveaux marchés et à embaucher du personnel supplémentaire.

Les subventions gouvernementales sont trop belles pour que les entreprises obtiennent le financement dont elles ont besoin pour réussir. Cependant, les entreprises doivent être conscientes du processus de demande et des risques potentiels associés à l'acceptation de fonds gouvernementaux. Les entreprises devraient également connaître les exigences en matière de rapports associées aux subventions gouvernementales, car le défaut de se conformer peut entraîner la révocation des fonds.

Investisseurs providentiels

Les business angels sont des investisseurs privés qui apportent des capitaux à des entreprises en démarrageen échange de fonds propres ou de dettes convertibles. Ce sont généralement des personnes fortunées qui recherchent des rendements plus élevés que ce qu'ils peuvent obtenir des investissements traditionnels. Les business angels sont souvent eux-mêmes des entrepreneurs et ont de l'expérience dansl'industrie dans laquelle ils investissent.

Les investisseurs providentiels fournissent des capitaux aux entreprises en démarrage en échange de capitaux propres ou de dettes convertibles. Cela signifie que le business angel détiendra une partie de l'entreprise et aura droit à une partie des bénéfices. Lebusiness angel peut également recevoir un retour sur investissement si l'entreprise réussit.

Les investisseurs providentiels fournissent plus que du capital. Ils peuvent également fournir des conseils et du mentorat aux entrepreneurs dans lesquels ils investissent. Ils ont souvent de l'expérience dans l'industrie dans laquelle ils investissent et peuvent fournir des informations et des conseils précieux. Ils peuvent également fournir des liens précieux à des clients potentiels, des fournisseurs et d'autres investisseurs.

Les business angels peuvent fournir aux start-ups le capital dont elles ont besoin pour démarrer. Ceci est particulièrement utile pour les start-ups qui ne sont pas en mesure d'obtenir un financement traditionnel. Les investisseurs providentiels peuvent également fournir des conseils précieux et un mentorat qui peuvent aider les entrepreneurs à réussir.

En conclusion, les business angels peuvent être une source précieuse de capital et de conseils pour les start-ups. Ils peuvent fournir le capital nécessaire pour lancer une entreprise et peuvent également fournir des conseils et un mentorat précieux. Les business angels sont une excellente ressource pour les entrepreneurs qui cherchent à démarrer une entreprise.

Lesnders en ligne

Les prêteurs en ligne sont une excellente option pour les entreprises qui cherchent à se développer et à croître. Ils offrent une variété de services et de produits qui peuvent aider les entreprises de toutes tailles et de tous stades de développement. Des entreprises en démarrage aux entreprises établies, les prêteurs en ligne peuvent fournir des capitaux, des conseils et du soutien.

L'un des principaux avantages des prêteurs en ligne est leur capacité à fournir un accès rapide au capital. De nombreux prêteurs en ligne offrent des prêts avec une approbation et des délais de financement rapides, ce qui est d'une grande aide pour les entreprises qui en ont besoinrapidement. Les prêteurs en ligne offrent également souvent des conditions de remboursement plus flexibles que les prêteurs traditionnels, ce qui peut faciliter la gestion des flux de trésorerie des entreprises.

Les prêteurs en ligne fournissent également une variété de services et de produits qui peuvent aider les entreprisesà croître et à se développer. Par exemple, certains prêteurs en ligne offrent des cartes de crédit d'entreprise, ce qui peut être pratique pour créer du crédit commercial et accéder à des capitaux supplémentaires. D'autres prêteurs en ligne offrent des avances de fonds aux commerçants, qui sont utilisées pour couvrir les dépenses à court terme ou pour acheterdes stocks.

Les prêteurs en ligne peuvent également fournir des conseils et un soutien précieux aux entreprises. De nombreux prêteurs en ligne ont des équipes d'experts qui peuvent fournir des conseils sur une variété de sujets, tels que le marketing, la comptabilité et la finance. C'est une excellente solutionpour les entreprises qui débutent ou qui ont besoin d'aide pour naviguer dans les complexités de la gestion d'une entreprise.

Le prêteur en ligne est une excellente ressource pour les entreprises qui cherchent à se développer et à croître. Ils offrent un accès rapide au capital, des modalités de remboursement flexibles et une variété de services et de produits qui peuvent aider les entreprises à réussir. Avec le bon prêteur en ligne, les entreprises peuvent accéder aux ressources dont elles ont besoin pour réussir.

Prêts entre particuliers

Le prêt entre particuliers (P2P) est une forme de financement qui permet aux particuliers et aux entreprises d'emprunter et de prêter de l'argent sans l'utilisation d'une institution financière traditionnelle. Il s'agit d'une plateforme en ligne qui relie directement les emprunteurs et les prêteurs, leur permettant de négocier les conditions et les taux d'intérêt. Les prêts P2P sont devenus de plus en plus populaires ces dernières années, car ils offrent une alternative plus efficace, rentable et transparente au financement traditionnel.

Pour les entreprises, le prêt P2P est une option de financement attrayante. Il peut donner accès au capital rapidement et avec moins de restrictionsque les prêteurs traditionnels. Les emprunteurs peuvent souvent obtenir un financement en aussi peu que quelques jours, et le processus est généralement beaucoup plus simple qu'avec un prêt bancaire. Les prêteurs P2P ont également généralement des taux d'intérêt plus bas et des conditions de remboursement plus flexibles que les banques.

Pour les start-ups, les prêts P2P sont un excellent soutien pour obtenir le capital dont elles ont besoin pour démarrer leur entreprise. Les start-ups ont souvent de la difficulté à accéder au financement traditionnel, car elles n'ont pas les antécédents de crédit et les garanties que les banques exigent généralement. Les prêteurs P2P sont plus disposés à prendre des emprunteurs plus risqués, et ils peuvent fournir le capital dont les start-ups ont besoin pour démarrer   leurs   entreprises.

Les prêts P2P peuvent également être utiles pour les
entreprises afin de diversifier leurs sources de
financement. En utilisant des prêteurs P2P, les
entreprises peuvent accéder à des capitaux provenant
de diverses sources, ce qui peut aider à réduire leur
risque global. Les prêteurs P2P offrent souvent des
conditions de remboursement plus flexibles que les
prêteurs traditionnels, ce qui peut aider les entreprises
à gérer leurs flux de trésorerie plus efficacement.

Marges de crédit d'entreprise

Une marge de crédit aux entreprises est un type de
prêt qui permet aux entreprises d'emprunter de
l'argent jusqu'à une certaine limite. L'argent est utilisé
à n'importe quelle fin, comme l'achat d'inventaire, le
paiement de dépenses d'exploitation ou le
financement d'un nouveau projet. Contrairement à un
prêttemporaire, une marge de crédit n'oblige pas
l'emprunteur à rembourser la totalité du montant du
prêt en une seule fois. Au lieu de cela, l'emprunteur
peut puiser dans la marge de crédit au besoin et ne
payer que des intérêts sur le montant emprunté.

Les marges de crédit aux entreprises aident
vraimentles entreprises à accéder aux capitaux dont
elles ont besoin pour croître et se développer. Ils
offrent aux entreprises une flexibilité et un accès aux
fonds lorsqu'elles en ont besoin, sans avoir à
contracter un prêt important ou à attendre un
investisseur. Ceci est particulièrement utile pour les
start-ups, qui ont souvent un accès limité au capital.

Les marges de crédit d'entreprise sont utilisées pour couvrir diverses dépenses, y compris l'achat de stocks, le paiement de dépenses d'exploitation ou le financement d'un nouveau projet. Ils peuvent également être utilisés pour couvrir des coûts imprévus, tels quedes frais de représentation ou des dépenses d'urgence. Cette flexibilité en fait une excellente option pour les entreprises qui ont besoin d'accéder rapidement à des fonds.

Les marges de crédit d'entreprise permettent également aux entreprises de gérer plus efficacement leurs flux de trésorerie. En ayant accès à des fonds en cas de besoin, les entreprises peuvent éviter d'avoir à contracter des prêts importants ou à attendre des investisseurs. Cela peut aider les entreprises à gérer leurs dépenses plus efficacement et à rester au top de leurs flux de trésorerie.

Les marges de crédit aux entreprises peuvent aider les entreprises à établir leur pointage de crédit. En effectuant des paiements réguliers sur la marge de crédit, les entreprises peuvent démontrer leur capacité à gérer leurs dettes de manière responsable et à établir leur pointage de crédit. Ceci est bénéfique pour les entreprises qui cherchent à obtenir un financement supplémentaire dans l'uture.

Financement d'équipement

Le financement d'équipement est un type de prêt qui permet aux entreprises d'acheter l'équipement dont elles ont besoin pour fonctionner et croître. Il s'agit d'une forme de prêt reposant sur l'actif, ce qui signifie que le prêt est garanti par l'équipement acheté. Le financement de l'équipement peut être utilisé pour acheter une variété d'articles, y compris des véhicules, des ordinateurs, de l'équipement de fabrication, et plus encore. Le financement d'équipement

est une excellente option pour les entreprises qui ont besoin d'acheter de l'équipement, mais qui n'ont pas l'argent nécessaire pourle faire. Cela peut également être une excellente option pour les start-ups, car cela leur permet d'acquérir l'équipement dont elles ont besoin pour démarrer leur entreprise sans avoir à utiliser leur propre capital.

Le financement d'équipement peut aider les entreprises de plusieurs façons. Tout d'abord, il permet aux entreprises d'acquérir l'équipement dont elles ont besoin sans avoir à utiliser leur propre capital. Ceci est particulièrement bénéfique pour les start-ups, car cela leur permet de démarrer leur entreprise sans avoir à utiliser leurs propres ressources.

Deuxièmement, le financement de l'équivalent peut aider les entreprises à économiser de l'argent. Étant donné que le prêt est garanti par l'équipement acheté, le taux d'intérêt est généralement inférieur à celui des autres types de financement. Cela peut aider les entreprises à économiser de l'argent à long terme.

Troisièmement, le financement d'équipementpeut aider les entreprises à gagner du temps. En finançant l'équipement dont elles ont besoin, les entreprises peuvent éviter le long processus de recherche et de négociation avec les fournisseurs. Cela peut aider les entreprises à gagner du temps et à obtenir rapidement l'équipement dont elles ont besoin.

Le financement d'équipement peut aider les entreprises à maintenir leurs flux de trésorerie. En finançant l'équipement dont elles ont besoin, les entreprises peuvent éviter d'avoir à utiliser leur propre capital pour acheter l'équipement. Cela peut aider les entreprises à maintenir leurs flux de trésorerie et à s'assurer qu'elles disposent des fonds dont elles ont besoin pour fonctionner et croître.

Affacturage

L'affacturage est un type de financement qui aide les entreprises à accéder rapidement et facilement aux liquidités. Il s'agit d'une transaction financière dans laquelle une entreprise vend ses comptes débiteurs (factures) à un tiers (appelé facteur) à escompte. Le facteur perçoit ensuite les paiements des clients et verse à l'entreprise le montant réduit. L'affacturage est un bon moyen pour les entreprises d'accéder rapidement et facilement aux liquidités, et il peut les aider à croître et à se développer.

L'affacturage peut être particulièrementbénéfique pour les petites entreprises et les start-ups. Ces entreprises ont souvent un accès limité aux options de financement traditionnelles telles que les prêts bancaires, et l'affacturage peut leur fournir les liquidités dont elles ont besoin pour croître et se développer. L'affacturage peut également aider les start-ups à gérer plus efficacement leurs flux de trésorerie, car elles peuvent accéder rapidement et facilement aux liquidités sans avoir à attendre que les clients paient leurs factures. Cela peut les aider à couvrir leurs dépenses à court terme et à investir dans de nouvelles opportunités.

L'affacturage peut également inciterles entreprises à réduire leurs risques. En vendant leurs factures à un facteur, les entreprises peuvent réduire leur exposition aux créances irrécouvrables et au risque de crédit. Le facteur assumera le risque de non-paiement, ce qui signifie que les entreprises n'auront pas à s'inquiéter que les clients ne paient pasleurs factures. Cela peut aider les entreprises à gérer leurs finances plus efficacement et à réduire leurs risques.

L'affacturage est un moyen rapide pour les entreprises d'accéder rapidement et facilement à des liquidités, et il peut être particulièrement avantageux pour les petites entreprises et les start-ups. Cela peut les aider à gérer plus efficacement leurs flux de trésorerie, à réduire leurs risques et à investir dans de nouvelles opportunités.

Premier appel public à l'épargne (PAPE)

Un premier appel public à l'épargne (PAPE) est le processus par lequel une société privée peut devenir une société cotée en bourse en offrant ses actions au public. Les introductions en bourse sont un moyen pour une entreprise de lever des capitaux et d'accroître sa visibilité sur le marché. Grâce à une introduction en bourse, une entreprise peut également augmenter sa liquidité et attirer plus d'investisseurs.

Les introductions en bourse sont une excellente

occasion d'affaires pour lesstart-ups et les petites entreprises afin de lever des capitaux et d'étendre leurs opérations. En devenant publique, une entreprise peut accéder à un plus grand bassin d'investisseurs potentiels, ce qui peut l'aider à lever plus de capitaux. L'introduction en bourse peut également aider une entreprise à accroître sa visibilité et sa crédibilité sur le marché, ce qui peut conduire à plus de clients et d'opportunités commerciales.

Les introductions en bourse offrent également aux entreprises un moyen de récompenser leurs actionnaires existants. En offrant des actions au public, une entreprise peut offrir à ses actionnaires existantsla possibilité de vendre leurs actions et de réaliser un retour sur investissement. Ceci est particulièrement bénéfique pour les premiers investisseurs qui ont été avec la société depuis sa création et ont attendu que la société devienne publique.

Les introductions en bourse peuventaider une entreprise à attirer et à retenir les meilleurs talents. En devenant publique, une entreprise peut offrir à ses employés la possibilité d'acheter des actions de l'entreprise, ce qui les incite grandement à rester dans l'entreprise. L'introduction en bourse peut également aider une entreprise à attirer de nouveaux talents, car elle peut démontrer que l'entreprise est une entreprise viable et prospère.

Une approche simplifiée des introductions en bourse peut apporter beaucoup de visibilité aux start-ups et aux petites entreprises pour lever des capitaux et étendre leurs opérations. En devenant publique, une entreprise peut accéder à un plus grand bassin d'investisseurs potentiels, accroître sa visibilité et sa crédibilité sur le marché, récompenser ses actionnaires existants.

Capital-investissement

Le capital-investissement (PE) est une forme d'investissement alternatif qui implique l'investissement de capitauxdans des sociétés ou des fonds qui ne sont pas cotés en bourse. Les sociétés de capital-investissement investissent généralement dans des sociétés qui ont besoin de capitaux pour l'expansion, la restructuration ou à d'autres fins.

Les sociétés de capital-investissement fournissent des capitaux aux entreprises en échange de participations dans l'entreprise. Cela signifie que la société de capital-investissement détiendra une partie de l'entreprise et aura son mot à dire sur la façon dont l'entreprise est gérée. Les sociétés de capital-investissement fournissent également une expertise et des conseils en matière de gestion aux sociétés dans lesquelles ellesinvestissent.

Les sociétés de capital-investissement peuvent aider les entreprises de plusieurs façons. Ils peuvent fournir des capitaux pour l'expansion, la restructuration ou à d'autres fins. Ils peuvent également fournir des conseils et des orientations sur la meilleure façon de gérer l'entreprise. Les sociétés de capital-investissement peuvent égalementaider les entreprises à développer des stratégies de croissance et de rentabilité.

Les sociétés de capital-investissement peuvent également aider les entreprises en démarrage en leur fournissant des capitaux pour les aider à démarrer. Les start-ups ont souvent besoin de capitaux pour lancer leur entreprise, mais n'ont peut-être pas accès àdes sources traditionnelles de financement. Les sociétés de capital-investissement peuvent fournir le capital nécessaire pour aider les start-ups à démarrer.

Les sociétés de capital-investissement peuvent également aider les start-ups en leur fournissant des conseils et des orientations sur la meilleure façon de gérer l'entreprise. Les sociétés de capital-investissement peuvent aider les start-ups à élaborer des stratégies de croissance et de rentabilité. Ils peuvent également fournir des conseils sur la meilleure façon de structurer l'entreprise, comme la façon de structurer la propriété et la gestion de l'entreprise.

Les sociétés de capital-investissement peuvent être une excellente source de capital et deconseils pour les entreprises et les start-ups. Ils peuvent fournir des capitaux pour l'expansion, la restructuration ou à d'autres fins. Ils peuvent également fournir des conseils et des orientations sur la meilleure façon de gérer l'entreprise.

Fusions et acquisitions

Les fusions et acquisitions (M&A) sont un type de restructuration d'entreprise qui implique la combinaison de deux sociétés ou plus en une seule entité. Cela se fait soit par une fusion, où une société est absorbée par une autre, soit par une acquisition, où une société en achète une autre. Les fusions et acquisitions peuvent être utilisées pour accroître la part de marché d'une entreprise, diversifier ses offres de produits ou accéder à de nouvelles technologies ou ressources.

Les fusions et acquisitions sont bénéfiques tant pour les entreprises établies que pour les start-ups. Pour les entreprises établies, les fusions et acquisitions peuvent donner accès à de nouveaux marchés, technologies et ressources, ainsi qu'à la possibilité d'élargir leur offre de produits. Pour les start-ups, les fusions et acquisitions peuvent donner accès à des capitaux, des ressources et une expertise qui ne seraient peut-être pas disponibles autrement. Les fusions et acquisitions peuvent fournir une plate-forme permettant aux start-ups de développer rapidementleurs activités et d'élargir leur clientèle.

Les fusions et acquisitions peuvent également aider les entreprises à se développer et à croître d'autres façons. Par exemple, les fusions et acquisitions peuvent aider les entreprises à réduire leurs coûts en éliminant les opérations et le personnel redondants, et elles peuvent aider les entreprises à accroître leur efficacité en combinant les opérations et en rationalisant les processus. Les fusions et acquisitions peuvent aider les entreprises à accéder à de nouveaux marchés, technologies et ressources, ainsi qu'à élargir leur offre de produits.

Les fusions et acquisitions sont un outil puissant pour

les entreprises établies et les start-ups. Il peut donner accès à de nouveaux marchés, technologies et ressources, ainsi que la possibilité d'élargir son offre de produits. Les fusions et acquisitions peuvent aider les entreprises à réduire leurs coûts, à accroître leur efficacité et à accéder à de nouveaux marchés.

Prêts aux petites entreprises

La Small Business Administration (SBA) est une agence fédérale qui fournit une assistance aux petites entreprises aux États-Unis. La SBA offre une variété de programmes de prêts pour aider les petites entreprises à démarrer, à croître et à réussir. Ces prêts peuvent être utilisés à diverses fins, y compris l'expansion de l'entreprise, l'achat d'équipement, le fonds de roulement et le refinancement de la dette.

Les programmes de prêts SBA sont conçus pour aider les petites entreprises à accéder à des capitaux qui ne sont peut-être pas disponibles par le biais de sources de financement traditionnelles. L'ASB ne prête pas directement de l'argent aux entreprises, mais garantit plutôt les prêts consentis par les prêteurs participants. Cela contribue à réduire le risque pour les prêteurs et facilite l'admissibilité des petites entreprises au financement.

La SBA offre plusieurs programmes de prêts, **notamment le programme de prêt** 7 (a), le programme de prêt 504 et le programme de microcrédit. Le programme de prêt 7(a) est le programme de prêt SBA le plus populaire et est utilisé à diverses fins, y compris l'expansion des entreprises, l'achat d'équipement, le fonds de roulement, et lerefinancement de la dette. Le Programme de prêts 504 est conçu pour aider les petites entreprises à acheter des immobilisations, comme des biens immobiliers et de l'équipement. Le Programme de microcrédit offre de petits prêts pouvant atteindre 50 000 $ pour aider les petites entreprises à démarrer et à prendre de l'expansion. Les programmes de

prêts SBA offrent un certain nombre d'avantages aux petites entreprises. Les prêts sont généralement plus faciles à qualifier que les prêts bancaires traditionnels, et ils ont souvent des taux d'intérêt plus bas et des durées de remboursement plus longues. La SBA offre également des conseils et une formation gratuits aux propriétaires depetites entreprises qui comprennent le processus de prêt et gèrent leurs entreprises.

Dette convertible

La dette convertible est un type de prêt qui peut être converti en fonds propres à une date ultérieure. C'est une forme populaire de financement pour les entreprises en démarrage et autres entreprises qui ont besoin de capitaux, mais qui n'ont pas les actifs ou les antécédents de crédit pour se qualifier pour les prêts bancaires traditionnels. La dette convertible est attrayante pour les investisseurs car elle leur offre le potentiel d'un retour sur investissement plus élevé.

La dette convertible est un excellent moyen pour les entreprises d'obtenir le capital dont elles ont besoin pour croître et se développer. Il peut fournir les fonds nécessaires pour développer de nouveaux produits, embaucher de nouveaux employés et étendre les opérations. Il permet également aux entreprises d'éviter les taux d'intérêt élevés associés aux prêts traditionnels.

La dette convertible peut également être bénéfique pour les start-ups, car elle leur permet de lever des capitaux sans renoncer àtoute participation dans leur entreprise. Ceci est particulièrement attrayant pour les entrepreneurs qui veulent garder le contrôle de leur entreprise.

La dette convertible peut également être utilisée pour combler l'écart entre le financement d'amorçage et une ronde de financement de série A. Ceci est particulièrement utile pour les start-ups qui ont besoin de capitaux supplémentaires pour atteindre le prochain niveau   de   croissance.

La dette convertible peut être un moyen sûr pour les entreprises d'obtenir le capital dont elles ont besoin pour croître et se développer. Il est utilisé pour combler l'écart entre le financement d'amorçage et uncycle de financement Series A.

Financement garanti par les revenus

- Le financement basé sur les revenus (FBR) est un type de financement qui permet aux entreprises d'emprunter de l'argent en fonction de leurs revenus actuels et futurs. Le FBR est une alternative au financement par emprunt traditionnel et au financement par actions, et il est souvent utilisé par les entreprises qui ne peuvent pas accéder au financement traditionnel. Le FBR peut être une excellente option pour les entreprises qui ont besoin de capitaux rapidement et qui ne veulent pas prendre le risque d'un financement par actions.

- Le FBR est une forme de financement par emprunt basée sur les revenus actuels et futurs d'une entreprise. Contrairement au financement par emprunt traditionnel, le FBR n'exige pas de garantie ou de pointage de crédit. Au lieu de cela, le prêteur examine les revenus et les flux de trésorerie de l'entreprise pour déterminer le montant d'argent qu'ils sont prêts à prêter. Leprêteur examinera également le potentiel de croissance et l'historique financier de l'entreprise pour déterminer les conditions de remboursement.

- Le FBR est une excellente option pour les entreprises qui ont besoin de capitaux rapidement et qui ne veulent pas prendre le risque d'un financement par actions. RBF peut fournir aux entreprisesle capital dont elles ont besoin pour croître et se développer sans avoir à renoncer à la propriété ou au contrôle de l'entreprise. Le FBR est utilisé pour financer des projets ou des investissements à court terme, tels que des campagnes de marketing ou des lancements de nouveaux produits.

- RBF est une excellente option pour les entreprises qui débutent. Il peut fournir aux entreprises le capital dont elles ont besoin pour démarrer sans avoir à renoncer à la propriété ou au contrôle de l'entreprise. Le FBR peut être utilisé pour financer des projets ou des investissements à court terme, tels que des campagnes de marquage ou des lancements de nouveaux produits.

Placement privé

Les placements privés sont une forme de financement qui implique la vente de titres à un nombre limité d'investisseurs, généralement sans qu'il soit nécessaire de s'inscrire auprès de la Securities and Exchange Commission (SEC). Les placements privés sont souvent utilisés par les entreprises pour mobiliser des capitaux en vue du développement et de l'expansion des entreprises.

Les placements privés peuvent être utiles pour les entreprises en démarrage et les petites entreprises afin de mobiliser des capitaux rapidement et efficacement. Ils peuvent être utilisés pour financer de nouveauxprojets, étendre des activités existantes ou acquérir d'autres entreprises. Les placements privés sont également attrayants pour les investisseurs, car ils offrent généralement des rendements plus élevés que les autres formes de financement.

Les placements privés sont généralement proposés à des investisseurs accrédités, c'est-à-dire des personnes ou des entités qui atteignent certains seuils financiers. Ces investisseurs doivent être en mesure de démontrer qu'ils disposent des ressources financières et des connaissances nécessaires pour comprendre les risques associés à l'investissement.

Les placements privés sontstructurés de diverses façons, y compris par emprunt, par capitaux propres ou par une combinaison des deux. Les entreprises peuvent également offrir différents types de titres, tels que des actions ordinaires, des actions privilégiées ou des titres de créance convertibles.

Les placements privés peuvent permettre aux entreprises en démarrage et aux petites entreprisesd'accéder à des capitaux qui ne sont peut-être pas disponibles par le biais de sources de financement traditionnelles. Ils offrent également aux investisseurs la possibilité d'investir dans une entreprise à un stade précoce et de réaliser potentiellement des rendements plus élevés qu'ils ne le feraient avec d'autres investissements.

Les placements privés peuvent également être utilisés pour mobiliser des capitaux pour des projets ou des initiatives spécifiques, tels que la recherche et le développement, le marketing ou les acquisitions. Les entreprises peuvent également recourir à des placements privés pour restructurer leur structure de capital d'emprunt ou de capitaux propres.

Les placements privés sont soutenus pour les entreprises en démarrage et les petites entreprises afin de mobiliser des capitaux rapidement et efficacement. Ils peuvent également offrir aux investisseurs la possibilité d'investir dans une entreprise.

Prêts reposant sur l'actif

- Le prêt reposant sur l'actif (ABL) est un type de financement qui utilise les actifs d'une entreprise comme garantie pour un prêt. Il s'agit d'une forme de financement populaire pour les entreprises qui ont besoin d'un accès rapide au capital et qui n'ont pas accès aux sources de financement traditionnelles. ABL est utilisé pour financer un large éventail d'activités commerciales, y compris le fonds de roulement, l'expansion, les acquisitions, etc.

- ABL peut être utilisé pour financer un large éventail d'activités commerciales, y compris le fonds de roulement, l'expansion, les acquisitions, etc. L'ABL est une option intéressante pour les entreprises qui ont de la difficulté à obtenir du financement traditionnel. Il s'agit d'une forme de financement flexible qui peut être adaptée pour répondre aux besoins de l'entreprise. ABL peut fournir aux entreprises les fonds dont elles ont besoin pour croître.

- ABL est une excellente option pour les start-ups et les petites entreprises quiont besoin de capitaux pour démarrer. ABL peut fournir les fonds nécessaires pour acheter de l'équipement, embaucher du personnel et acheter des stocks. Il est utilisé pour financer l'expansion et les acquisitions.

- L'ABL est également utilisé pour financer des fusions et acquisitions et pour fournir le capital nécessaireau financement de l'achat d'une autre société ou pour financer la fusion de deux sociétés; il est utilisé pour financer des restructurations et des redressements afin de fournir le capital nécessaire à la restructuration d'une entreprise et à sa rentabilité. Les prêts reposant sur l'actif sont une excellente option pour les entreprises qui ont besoin d'un accès rapide au capital.

Crédit-bail

Le crédit-bail est une forme de financement qui permet aux entreprises d'acquérir des actifs sans avoir à payer le prix d'achat complet à l'avance. C'est une option populaire pour les entreprises de toutes tailles, desstart-ups aux grandes entreprises, car elle leur donne accès à l'équipement dont elles ont besoin pour fonctionner sans avoir à dépenser une grande quantité de   capital.

Le crédit-bail peut avoir un impact significatif sur la croissance de l'entreprise et le succès du démarrage. En permettantaux entreprises d'acquérir des actifs sans avoir à payer la totalité du prix d'achat à l'avance, le crédit-bail leur fournit le capital dont elles ont besoin pour investir dans d'autres domaines de leur activité, tels que le marketing, la recherche et le développement, et l'embauche de collaborateurs supplémentaires. Cela peut aider les entreprises à croître et à se développer, ainsi qu'à augmenter leurs chances de succès.

Le crédit-bail offre également aux entreprises plus de flexibilité que les options de financement traditionnelles. Par exemple, les entreprises peuvent choisir la durée du bail, les modalités de paiement etle type d'actif qu'elles louent. Cela permet aux entreprises d'adapter leur contrat de location à leurs besoins spécifiques et à leur budget.

Le crédit-bail peut aider les entreprises à gérer leurs flux de trésorerie. En étalant le coût de l'actif sur la durée du bail, les entreprisespeuvent éviter d'avoir à payer une grosse somme d'argent à l'avance. Cela peut aider les entreprises à gérer leurs flux de trésorerie et à s'assurer qu'elles ont suffisamment d'argent pour couvrir leurs autres dépenses.

Le crédit-bail est une excellente option pour les entreprises de toutes tailles, des start-ups aux grandes entreprises. Il peut fournir aux entreprises le capital dont elles ont besoin pour investir dans d'autres domaines de leur activité, ainsi qu'une plus grande flexibilité et une meilleure gestion des flux de trésorerie. En tirant parti de la location, les entreprises peuvent augmenter leurs chances de succès et contribuer à assurer leur croissance et leur succès à long terme.

Crédit commercial

Le crédit commercial est une forme de financement qui permet aux entreprises d'acheter des biens ou des services sans avoir à les payer immédiatement. Il s'agit d'un type de financement à court terme qui est étendu à une entreprisepar ses fournisseurs ou vendeurs. Le fournisseur ou le vendeur accepte de fournir des biens ou des services à l'entreprise et permet à l'entreprise de les payer à une date ultérieure. Ce type de financement est souvent utilisé par les entreprises pour acheter des stocks, couvrirles coûts d'exploitation ou financer des initiatives de croissance.

Le crédit commercial est une source importante de financement pour les entreprises, en particulier pour les entreprises en démarrage et les petites entreprises. Il peut donner accès à des capitaux qui ne sont peut-être pas disponibles auprès de sources traditionnelles, telles que les banques ou les investisseurs. Le crédit commercial peut également aider les entreprises à gérer leurs flux de trésorerie en leur permettant d'acheter des biens et des services sans avoir à les payer immédiatement. Cela est particulièrement avantageux pour les entreprises qui connaissent des fluctuations saisonnières de la situation ou quiont un accès limité à d'autres formes de financement.

Le crédit commercial peut également aider les

entreprises à croître et à prendre de l'expansion. En permettant aux entreprises d'acheter des biens et des services sans avoir à les payer immédiatement, le crédit commercial peut aider les entreprises à acheter des investissementsou à investir dans de nouveaux équipements qui peuvent les aider à accroître leur production et leurs ventes. Cela peut aider les entreprises à augmenter leurs revenus et leurs bénéfices, ce qui peut conduire à une croissance et à une expansion supplémentaires.

Le crédit commercial peut également être bénéfique pour les entreprises en démarrage. Les entreprises en démarrage ont souvent un accès limité au capital et ne sont pas en mesure d'obtenir du financement auprès de sources traditionnelles. Le crédit commercial peut constituer une source de financement qui peut aider les entreprises en démarrage à acheter des stocks et à investir dans de nouveaux équipements, ce qui peut les aider à démarrer leur entreprise.

Le crédit commercial est une source importante de financement pour les entreprises, en particulier pour les entreprises en démarrage et les petites entreprises.

Financement des fournisseurs

Le financement du fournisseur est un type de financement où le fournisseur finance l'entreprise pour acheter des biensou des services auprès du fournisseur. Ce type de financement est avantageux pour les entreprises qui ont besoin d'acheter des biens ou des services, mais qui ne disposent pas des fonds nécessaires pour le faire. Il peut également être bénéfique pour les entreprises en démarrage, car il

peut les aider à acquérir les biens ou les services
nécessaires pour démarrer leur entreprise.

Le financement des fournisseurs peut avoir un impact
positif sur la croissance de l'entreprise et le succès du
démarrage. En donnant accès à des biens et services
qui pourraient autrement être hors de portée, le
financement des fournisseurs peut aider les entreprises
à étendre leurs activités et à augmenter leurs revenus.
Ceci est particulièrement bénéfique pour les start-ups,
car cela peut les aider à acquérir les ressources
nécessaires pour faire décoller leur entreprise. Le
financement des fournisseurs peut aider les entreprises
à gérerplus efficacement leurs flux de crédit, car elles
peuvent acheter des biens et des services à crédit et les
payer au fil du temps. Cela peut aider les entreprises à
mieux gérer leurs finances et à s'assurer qu'elles
disposent des fonds nécessaires pour couvrir leurs
dépenses.

En plus d'aider les entreprises à acquérir les
ressources nécessaires à leur croissance, le
financement des fournisseurs peut également
contribuer à réduire le risque associé à l'achat de biens
ou de services. En permettant aux entreprises
d'acheter des biens et des services à crédit, le
financement des fournisseurs peut contribuer àréduire
le risque de ne pas être en mesure de payer les biens
ou services déjà achetés. Cela peut aider les entreprises
à éviter les pertes financières dues au non-paiement et
peut les aider à mieux gérer leurs finances.

Le financement des fournisseurs est un outil bénéfique

pour les entreprises et les start-ups. Il peut aider les entreprises à acquérir les ressources nécessaires à leur croissance et peut aider les entreprises en démarrage à démarrer leur entreprise. Il peut aider les entreprises à mieux gérer leurs flux de trésorerie et à réduire les risques associés

Note:

Le crédit commercial est un prêt à court terme accordé à un client par un fournisseur, permettant au client d'acheter des biens ou des services et de les payer à une date ultérieure.

Le financement fournisseur est un type d'arrangement de financement dans le cadre duquel un fournisseur accorde un prêt à unclient pour l'aider à financer l'achat de biens ou de services. Le fournisseur peut exiger que le client effectue des paiements réguliers ou peut exiger que le client paie le montant total du prêt à la fin du contrat. Le fournisseur peut également exiger une garantie ou une garantie personnelledu client.

Financement des exportations

Le financement à l'exportation est un type de financement qui aide les entreprises et les entreprises en démarrage à financer leurs activités d'exportation. Il s'agit d'une forme de crédit qui aide les entreprises à couvrir les coûts associés à l'exportation de biens et de services, tels que le transport, l'assurance et les droits de douane. Le financement à l'exportation est utilisé pour couvrir les coûts de production, de commercialisation et d'autres activités liées à l'exportation.

Le financement à l'exportation peut avoir un impact

significatif sur la croissance des entreprises et les entreprises. L'un des principaux avantages du financement à l'exportation est qu'il permet aux entreprises d'accéder à des capitaux auxquels elles n'ont peut-être pas accès par les méthodes de financement traditionnelles. Ceci est particulièrement avantageux pour les start-ups, car elles n'ont souvent pas lesantécédents cumulatifs ou de crédit nécessaires pour se qualifier pour un financement traditionnel. Le financement à l'exportation peut également aider les entreprises à étendre leurs activités et à atteindre de nouveaux marchés, ce qui peut entraîner une augmentation des ventes et des bénéfices.

Le financement à l'exportation peut également aider les entreprises à gérerplus efficacement leurs flux de trésorerie. En donnant aux entreprises un accès au capital, le financement à l'exportation peut aider les entreprises à couvrir leurs dépenses et à payer leurs biens et services en temps opportun. Cela peut aider les entreprises à éviter des retards coûteux dans la production ou la livraison, ce qui peut avoir un impact négatif sur leurs résultats.

En donnant aux entreprises un accès au capital, le financement à l'exportation peut aider les entreprises à établir des relations avec des acheteurs étrangers, ce qui peut entraîner une augmentation des ventes et des bénéfices.

Coentreprise

Une coentreprise (JV) est un accord commercial dans lequel deux parties ou plus conviennent de combiner leurs ressources afin d'atteindre un objectif spécifique.

Les coentreprises sont souvent utilisées par les entreprises pour étendre leurs activités, pénétrer de nouveaux marchés et accéder à de nouvelles technologies. Ils peuvent également être utilisés par les entreprises en démarrage pour accéder à des capitaux, des ressources et une expertise qui ne seraient pas disponibles autrement. Les

coentreprises offrent un certain nombre d'avantages pour les entreprises et les start-ups. En combinant leurs ressources, les entreprises peuvent réduire les coûts et les risques associés à l'entrée sur de nouveaux marchés ou au lancement de nouveaux produits. Ils peuvent également avoir accès à de nouvelles technologies et à une expertise qui ne seraient pas disponibles autrement. Les

coentreprises peuvent fournir aux start-ups une plate-forme pour tester et validerleurs produits et services sur le marché.

En outre, les coentreprises peuvent fournir une plate-forme permettant aux entreprises de collaborer et d'innover, ce qui peut conduire à une efficacité et une productivité accrues.

Partenariats stratégiques

Les partenariats stratégiques sont un outil important pourles entreprises de toutes tailles pour croître et réussir. Les partenariats stratégiques permettent aux entreprises de tirer parti des ressources, de l'expertise et des réseaux d'autres organisations pour créer de nouvelles opportunités et accroître leur avantage concurrentiel. Les partenariats stratégiques peuvent être formés entre deux ou plusieurs entreprises, entre une entreprise et un organisme gouvernemental, ou entre une entreprise et un établissement d'enseignement. Les partenariats stratégiques peuvent aider les entreprises à élargir leur clientèle, à accroître leur part de marché et à développer de nouveaux produits et services. Ils peuvent également aider les entreprises en démarrage à accéder à des capitaux, des ressources et de l'expertise pour lancer leur entreprise.

Un partenariat stratégique est un accord formel entre deux organisations ou plus pour travailler ensemble à l'atteinte d'un objectif commun. Les partenariats stratégiques sont formés lorsque deux organisations ou plus ont des forces et des ressources complémentaires qui peuvent être mises à profit pour créer un avantage concurrentiel.

Les partenariats stratégiques peuvent aider les entreprises à élargir leur clientèle et à accroître leur part de marché. En tirant parti des ressources et des réseaux d'autres organisations, les entreprises peuvent atteindre de nouveaux clients et marchés qu'elles n'auraient peut-être pas été en mesure d'atteindre par elles-mêmes.

Les partenariats stratégiques peuvent fournir aux entreprises un accès à des ressources, telles que des capitaux, des technologies et une expertise, auxquelles elles n'auraient peut-être pas eu accès seules. Ceci est particulièrement bénéfique pour les start-ups, qui manquent souvent de ressources pour lancer leur entreprise.

Les partenariats stratégiques peuvent offrir un certain nombre d'avantagesaux entreprises de toutes tailles. Ces avantages comprennent :

- **Accès à de nouvelles ressources** : Les partenariats stratégiques donnent accès à de nouvelles ressources telles que la technologie, le capital et l'expertise qui peuvent aider une entreprise à croître.

- **Portée accrue du marché** : Les partenariats stratégiquesaident une entreprise à étendre sa portée à de nouveaux marchés et segments de clientèle.

- **Économies de coûts** : Les partenariats stratégiques peuvent aider une entreprise à réduire ses coûts en partageant les ressources et en tirant parti des économies d'échelle.

- **Atténuation des risques** : Les partenariats stratégiques peuvent aider une entreprise à réduire les risques en partageant le fardeau du risque et en le répartissant entre plusieurs partenaires.

- **Efficacité accrue** : Les partenariats stratégiques peuvent aider une entreprise à devenir plus efficace en partageant les ressources et en tirant parti des forces de chacun.

- **Innovation** accrue : Les partenariats stratégiques peuvent aider une entreprise à devenir plus innovatrice en combinant les idées et les ressources de différents partenaires.

- **Amélioration de la reconnaissance de** la marque : Les partenariats stratégiques peuvent aider une entreprise à accroître sa reconnaissance de marque en tirant parti de la marque du partenaire.

- **Accès aux talents** : Les partenariats stratégiques peuvent aider une entreprise à accéder à de nouveaux talents et compétences qui peuvent l'aider à croître.

- **Fidélisation accrue de la clientèle**: Les partenariats stratégiques peuvent aider une entreprise à fidéliser davantage ses clients en leur offrant unmeilleur service et plus de valeur.

- **Amélioration de la compétitivité** : Les partenariats stratégiques peuvent aider une entreprise à devenir plus concurrentielle en tirant parti des forces et des ressources du partenaire.

Banques d'investissement

Une banque d'investissement est une institution financière qui fournit une gamme de services aux entreprises, aux gouvernements et aux particuliers. Les banques d'investissement se spécialisent dans la souscription et l'émission de titres, fournissent des conseils sur les fusions et acquisitions et fournissent d'autres services financiers. Les banques d'investissement jouent un rôle essentiel dans l'économie en fournissant des capitaux aux entreprises et en les aidant à croître. Ils fournissent également des conseils et des orientations aux entreprises en démarrage et à d'autres entreprises qui cherchent à prendre de l'expansion.

Les banques d'investissement jouent un rôle clé dans la croissance des entreprises. Elles fournissent des capitaux aux entreprisessous forme de financement par emprunt et par fonds propres. Ce capital est utilisé pour financer l'expansion, la recherche et le développement et les acquisitions. Les banques d'investissement fournissent également des conseils et des orientations aux entreprises sur la meilleure façon d'utiliser leurs capitaux et de structurer leursfinances. Ces conseils sont inestimables pour aider les entreprises à croître et à réussir.

Les banques d'investissement fournissent également des conseils en matière de fusions et d'acquisitions. Ils peuvent aider les entreprises à identifier des cibles d'acquisition potentielles et fournir des conseils sur la façon de structurer la transaction. Ceci est bénéfique pour les entreprises qui cherchent à étendre leurs activités ou à pénétrer de nouveaux marchés.

Les banques d'investissement peuvent également jouer un rôle clé en aidant les start-ups à se développer et à réussir. Ils peuvent fournir des capitaux aux start-ups sous forme de capital-risque ou de financement par emprunt. Ce capital est utilisé pour financer la recherche et le développement, le marketing et d'autres activités. Les banques d'investissement peuvent également fournir des conseils et des orientations sur la façon de structurer l'entreprise et d'utiliser au mieux le capital. Ces conseils sont inestimables pour les start-ups qui cherchent à croître et à réussir.

Les banques d'investissement jouent un rôle essentiel dans l'économie en fournissant des capitaux aux entreprises et en les aidant à croître.

Coopératives de crédit

Les coopératives de crédit sont un type d'institution financière qui fournit des services bancaires auxpersonnes qui partagent un lien commun, tel qu'un lieu de travail ou une communauté. Les coopératives de crédit sont des organismes sans but lucratif qui sont détenus et exploités par leurs membres. Ils offrent une variété de services, y compris des comptes d'épargne, des comptes courants, des prêtset d'autres services financiers.

Les coopératives de crédit fournissent depuis longtemps des services financiers à leurs membres, et elles sont devenues de plus en plus populaires ces dernières années comme solution de rechange aux banques traditionnelles. Les coopératives de crédit offrent de nombreux avantages auxmembres héritiers, notamment des frais moins élevés, des taux d'intérêt moins élevés et un service plus personnalisé.

Les coopératives de crédit ont un impact positif sur la croissance des entreprises et le démarrage. Les coopératives de crédit donnent accès à des capitaux pour les entreprises, qui sont utilisés pour financer de nouveaux projets, embaucher de nouveauxemployés et acheter de l'équipement. Les coopératives de crédit offrent également des taux d'intérêt plus bas sur les prêts que les banques traditionnelles, ce qui facilite l'accès des entreprises au capital dont elles ont besoin pour   croître.

Les coopératives de crédit donnent également accès à une éducation financière et à unvice à leurs membres, ce qui est bénéfique pour les entreprises. Les coopératives de crédit offrent souvent des séminaires et des ateliers sur des sujets tels que la budgétisation, la gestion du crédit et la planification des activités. Cela peut aider les entreprises à prendre des décisions plus éclairées concernant leurs finances et peutles aider à mieux utiliser leurs ressources.

Les coopératives de crédit procurent également un sentiment de communauté et de soutien à leurs membres. Les coopératives de crédit organisent souvent des événements et des activités qui rassemblent les membres et procurent un sentiment de camaraderie. C'est bénéfiquepour les entreprises, car cela peut aider à favoriser les relations entre les membres et à créer un réseau de clients et de partenaires   potentiels.

Les coopératives de crédit ont un impact positif sur la croissance des entreprises et le démarrage. Ils donnent accès au capital.

Institutions financières de développement communautaire

Les institutions financières de développement communautaire (IFDC) sont des institutions financières spécialisées qui donnent accès à des capitaux et à des services financiers aux populations et aux communautés mal desservies. Les IFDC sont généralement des organisations à but non lucratifcertifiées par le département du Trésor des États-Unis. Ils fournissent des capitaux aux petites entreprises, aux entrepreneurs et aux communautés à faible revenu qui n'ont peut-être pas accès aux services bancaires traditionnels. Les IFDC sont devenues de plus en plus importantes pour fournirun accès au capital et aux services financiers aux populations et aux communautés mal desservies.

Les IFDC donnent accès à des capitaux et à des services financiers aux entrepreneurs, aux petites entreprises et aux communautés à faible revenu qui n'ont peut-être pas accès aux services bancaires traditionnels. Cet accès au capital et aux services financiers peut aider les entreprises à croître et à prendre de l'expansion. Les IFDC fournissent également une assistance technique et une formation commerciale pour aider les entrepreneurs et les petites entreprises à réussir. Cette aide peut aider les entreprises à élaborer et à mettre en œuvre des plans d'affaires efficaces, à accéder à des capitaux et à gérer leurs finances.

Les start-ups et les petites entreprises n'ont souvent pas accès aux services bancaires traditionnels et aux capitaux. Les IFDC peuvent donner accès à des capitaux pour aider les entreprises en démarrage et les petites entreprises à démarrer et àcroître. Cet accès au capital peut aider les entreprises à prendre de l'expansion, à embaucher plus d'employés et à augmenter leurs revenus.

Financement mezzanine

Le financement mezzanine est une forme de capital qui est utilisée pour financer la croissance et le démarrage d'entreprises. Il s'agit d'un hybride de financement par emprunt et par actions et il est généralement utilisé lorsque le financement par emprunt traditionnel n'est pas disponible ou insuffisant. Le financement mezzanine est uneforme de financement populaire pour les start-ups et les petites entreprises, car il est relativement facile à obtenir et offre des conditions flexibles.

Le financement mezzanine est généralement structuré comme un prêt avec un taux d'intérêt plus élevé qu'un prêt traditionnel. Le prêt est garanti par les actifs de la société, mais le prêteur reçoit également une participation dans la société. Cette participation au capital donne au prêteur un plus grand niveau de contrôle sur les opérations de l'entreprise. La participation au capital offre également au prêteur la possibilité d'un rendement plus importantde son investissement si l'entreprise réussit.

Le financement mezzanine est une opportunité pour financer la croissance et le démarrage d'entreprises. Il fournit à l'entreprise le capital dont elle a besoin pour se développer et croître, tout en fournissant au prêteur le potentiel d'unmeilleur retour sur investissement. La flexibilité des modalités et la possibilité d'obtenir du financement rapidement en font une option attrayante pour de nombreuses entreprises.

Le financement mezzanine peut également être bénéfique pour les start-ups. Il peut fournir le capital nécessairepour lancer une entreprise, et la participation au capital donne au prêteur un plus grand niveau de contrôle sur les opérations de l'entreprise. Ceci est bénéfique pour les start-ups car cela peut fournir au prêteur l'assurance que l'entreprise est gérée correctement.

Le financement Mezzanine est un processus merveilleux pour financer la croissance et le démarrage d'entreprises. Il fournit à l'entreprise le capital dont elle a besoin pour se développer et croître.

Financement des redevances

Le financement par redevances est une forme d'investissement en capital qui permet à une entreprise de recevoir ducapital supplémentaire d'investisseurs en échange d'un pourcentage des ventes futures. Ce type de financement est bénéfique tant pour l'entreprise que pour l'investisseur, car il fournit à l'entreprise le capital dont elle a besoin pour croître et à l'investisseur un retour sur investissement. Le financement par redevances est une excellente option pour les entreprises en démarrage et les petites entreprises qui ont besoin de capitaux, mais qui n'ont pas les ressources financières nécessaires pour obtenir un financement traditionnel. Il leur permet de recevoir un capital initial sans avoir à renoncer à des capitaux propres ou à contracter une dette supplémentaire. Ce type de financement permet également à l'entreprise de garder le contrôle de ses activités, car elle n'est pas tenue de céder la propriété ou le contrôle à l'investisseur.

Le financement par redevances peut également être bénéfique pour les investisseurs, car il leur procureun flux régulier de revenus. L'investisseur reçoit un pourcentage des ventes de l'entreprise, ce qui est une excellente source de revenus passifs. Ce type de financement permet également aux investisseurs de diversifier leur portefeuille, car ils peuvent investir dans plusieurs sociétés et obtenirun retour sur investissement sans avoir à prendre de risques supplémentaires.

L'incidence du financement des redevances sur la croissance et le démarrage des entreprises est importante. En fournissant aux entreprises le capital, elles doivent croître. Le financement par redevances peut les aider à étendre leurs activités et à augmenter leurs revenus. Cela peut entraîner une augmentation des bénéfices et une plus grande part de marché, ce qui peut aider l'entreprise à devenir plus compétitive dans son secteur.

Pour les entreprises en démarrage, le financement par redevances peut leur fournir le capital dont elles ont besoin pour démarrer leurentreprise. Cela peut les aider à lancer leur produit ou service et à le commercialiser plus rapidement, ce qui leur permet de commencer à générer des revenus plus tôt. Cela peut leur donner un avantage concurrentiel

Obligations à impact social

Les obligations à impact social (OIS) sont une nouvelle forme definancement qui a émergé ces dernières années comme un moyen de financer des programmes sociaux. Il s'agit d'un type de partenariat public-privé qui permet aux investisseurs privés de financer des programmes sociaux en échange d'un retour sur leur investissement si le programme est couronné de succès. Les SIB sont conçus pour aider les gouvernements et les organismes sans but lucratif à financer des programmes sociaux novateurs qui ont le potentiel d'améliorer la vie des citoyens et des communautés.

L'idée derrière les CIS est que les investisseurs privés fournissent le capital initial pour financer un programme social, puis reçoivent un retour sur leur investissement si le programme est couronné de succès. Ce rendement est fondé sur les résultats du programme, comme la réduction des taux de criminalité ou l'amélioration des résultats scolaires. Si le programme est couronné de succès, le gouvernement ou l'organisme sans but lucratif rembourse les investisseurs avec un retour sur leur investissement.

Les OIS ont le potentiel d'être un outil puissant pour les gouvernements et les organismes sans but lucratif pour financer des programmes sociaux novateurs. Ils peuvent être utilisés pour financer des programmes qui peuvent ne pas être admissibles aufinancement traditionnel du gouvernement, tels que les programmes axés sur l'amélioration des résultats scolaires. Ils incitent également les investisseurs privés à financer des programmes qui peuvent ne pas être attrayants pour les investisseurs traditionnels.

Les CIS ont le potentiel d'être un puissant moteur pour lacroissance des entreprises et le démarrage. En fournissant une source de capitaux pour des programmes sociaux novateurs, les OIS peuvent aider les entreprises en démarrage et les petites entreprises à accéder au capital dont elles ont besoin pour croître et réussir. Les OIS peuvent également inciter les investisseurs à investir dans les entreprises en démarrage et les petites entreprises, car ils peuvent obtenir un retour sur investissement si le programme est couronné de succès.

Commandites d'entreprises

Le mécénat d'entreprise est un moyen de plus en plus populaire pour les entreprises de gagner en visibilité et en reconnaissance sur le marché. Un parrainage d'entreprise est un accord entre une entreprise et une organisation ou un individu, dans lequel l'entreprise fournit un soutien financier ou autre en échange de l'approbation par l'organisation ou la personne des produits ou services de l'entreprise. Les commandites d'entreprises peuvent aller de petits événements locaux à de grandes campagnes nationales.

Le principal avantage des commandites d'entreprise est une visibilité accrue et une reconnaissance de la marque. En sponsorisant un événement ou une organisation, les entreprises peuvent atteindre un large publicet créer une image positive pour leur marque. Cela peut entraîner une augmentation des ventes et de la fidélisation de la clientèle. En outre, les commandites d'entreprise peuvent aider à établir des relations avec les clients, les partenaires et les autres parties   prenantes.

Les parrainages d'entreprises peuvent également avoirun impact positif sur la croissance et le démarrage d'entreprises. En parrainant un événement ou une organisation, les entreprises peuvent avoir accès à de nouveaux clients et partenaires potentiels. Cela peut entraîner une augmentation des ventes et des revenus, ainsi qu'une augmentation de la part de marché. Les partenariats avec les entreprisespeuvent aider à établir des relations avec des investisseurs et des partenaires potentiels, ce qui peut conduire à une augmentation du financement et des ressources.

Les commandites d'entreprises peuvent aider à créer une image publique positive pour les entreprises. En commanditant un événement ou une organisation, businesses peut démontrer son engagement envers la communauté et sa volonté de soutenir des causes qui tiennent à cœur à leurs clients. Cela peut aider à renforcer la confiance et la fidélité des clients, ce qui peut entraîner une augmentation des ventes et de la fidélité   des   clients.

En conclusion, les commandites d'entreprises peuvent avoir un impact positif sur la croissance et le démarrage d'entreprises. En fournissant un soutien financier ou autre en échange de l'approbation par l'organisation ou l'individu des produits ou services de l'entreprise, les entreprises peuvent obtenir une visibilité accrue, une reconnaissance de la marque et un accès à de nouveaux clients.

Plateformes de collecte de fonds en ligne

Les plateformes de collecte de fonds en ligne sont devenues de plus en plus populaires ces dernières années, car elles offrent aux entrepreneurs et aux entreprises un moyen facile et efficace de collecter des fonds pour leurs projets. Les plateformes de collecte de fonds en ligne permettent aux entrepreneurs et aux entreprises de rejoindre un public plus large et de recueillir plus d'argent que les méthodes de collecte de fonds traditionnelles.

Les plateformes de collecte de fonds en ligne ont eu un impact significatif surla croissance des entreprises ss. Ces plateformes permettent aux entreprises d'atteindre un public plus large que les méthodes de collecte de fonds traditionnelles, ce qui peut entraîner une collecte de fonds plus importante. Les plateformes de collecte de fonds en ligne sont souvent plus rentables que les méthodes traditionnelles, car leurmise en place et leur gestion nécessitent beaucoup de temps et d'efforts. Cela peut permettre aux entreprises d'économiser de l'argent et de l'investir dans d'autres domaines de leur entreprise.

De plus, les plateformes de collecte de fonds en ligne peuvent aider les entreprises à établir des relations avec leurs donateurs. Ces plateformes permettent aux entreprises de communiquer avec leurs donateurs et de leur fournir des mises à jour sur leurs progrès. Cela peut aider à renforcer la confiance entre l'entreprise et ses donateurs, ce qui peut entraîner davantage de dons à   l'avenir.

Les plateformes de collecte de fonds en ligne sontsouvent plus rentables que les méthodes traditionnelles, car leur mise en place et leur gestion nécessitent moins de temps et d'efforts. Cela peut aider les start-ups à économiser de l'argent et à l'investir dans d'autres domaines de leur entreprise.

Organisations commerciales locales

Les organisations commerciales localessont des organisations formées par des entreprises et des entrepreneurs locaux pour promouvoir la croissance des entreprises dans leur région. Ces organisations peuvent fournir une variété de services et de ressources pour aider les entreprises à croître et à réussir. Ils peuvent fournir un accès au financement, au mentorat, aux possibilités de réseautage, aux conseils d'affaires, aux ressources et plus encore.

L'impact des organisations commerciales locales sur la croissance et le démarrage des entreprises est important. Ces organisations fournissent une plate-forme permettant aux entreprises de se connecter et de collaborer les unes avec les autres, ce qui peut conduire à une innovation et une croissance accrues.

Ils peuvent également donner accès à des ressources et à des conseils qui peuvent aider les entreprises à réussir.

Les organisations commerciales locales peuvent également contribuer à créer un sentiment de communauté parmi les entreprises de la région. Cela peut conduire à une collaboration accrue et à des opportunités de réseautage, ce qui peut aider à stimuler la croissance de l'entreprise. Ils peuvent également donner accès à du financement, ce qui est inestimable pour les entreprises en démarrage et les petites entreprises.

Les organisations commerciales localespeuvent également contribuer à promouvoir l'économie locale. En fournissant des ressources et des conseils aux entreprises, ils peuvent contribuer à créer des emplois et à stimuler la croissance économique. Cela peut avoir un impact positif sur la région, car les entreprises sont en mesure de croître et de contribuer à l'économie locale.

En conclusion, les organisations commerciales locales peuvent avoir un impact significatif sur la croissance et le démarrage d'entreprises. Ils peuvent donner accès à des ressources, à des conseils et à du financement, ainsi que créer un sentiment de communauté parmi les entreprises de la région de localisation. Cela peut aider à stimuler la croissance des entreprises et à stimuler la croissance économique dans la région.

Banques locales

Les banques locales jouent un rôle vital dans la croissance économique d'une région. Ils fournissent des services financiers aux particuliers, aux entreprises et aux organisations,et aident à stimuler la croissance économique en donnant accès au capital. Les banques locales fournissent également une variété de services aux entreprises, tels que des prêts aux entreprises, des marges de crédit et des services aux commerçants. Ces services peuvent être inestimables pour les entreprises, en particulier les entreprises en démarrage, car ils donnent accès à des capitaux et à la capacité de gérer les flux de trésorerie.

Les banques locales ont un impact significatif sur la croissance des entreprises. Ils donnent accès au capital, ce qui est essentiel à la croissance et à l'expansion des entreprises. Les entreprises peuvent utiliser le capitalfourni par les banques locales pour acheter du matériel, embaucher de nouveaux employés et ouvrir de nouveaux emplacements. Les banques locales fournissent une variété de services aux entreprises, tels que des prêts commerciaux, des marges de crédit et des services aux commerçants. Ces services peuvent aider les entreprises à gérer leurs flux de trésorerie et peuvent être inestimables pour les entreprises en démarrage, car ils leur donnent accès à des capitaux et à la capacité de gérer leurs flux de trésorerie.

Les banques locales peuvent être particulièrement bénéfiques pour les start-ups. Les start-ups ont souvent un accès limité au capital, et les banques locales peuvent fournirle capital nécessaire pour les aider à démarrer.

Investisseurs locaux

Les investisseurs locaux peuvent avoir un impact significatif sur la croissance des entreprises et des start-ups. Les investisseurs locaux sont des individus ou des organisations qui investissent dans des entreprises ou des start-upsdans leur région. Ils peuvent fournir des capitaux, des ressources et de l'expertise pour aider les entreprises et les entreprises en démarrage à croître et à réussir.

Les avantages des investisseurs locaux sont nombreux. Les investisseurs locaux peuvent fournir des capitaux aux entreprises et aux entreprises en démarrage qui ne sont peut-être pas en mesure d'accéder aux sources traditionnelles de financement. Ils peuvent également fournir des conseils et une orientation pour aider les entreprises et les entreprises en démarrage à prendre de meilleures décisions. Les investisseurs locaux peuvent donner accès à des réseaux et à des ressources qui peuvent aider les entreprises et les entreprises en démarrage à croître.

Les investisseurs locauxpeuvent également avoir un impact positif sur l'économie locale. En investissant dans les entreprises locales et les entreprises en démarrage, les investisseurs locaux peuvent aider à créer des emplois, à stimuler la croissance économique et à générer des recettes fiscales. Cela peut contribuer à créer une économie locale plus dynamique et plus prospère.

Les investisseurs locaux peuvent également contribuer à favoriser l'innovation et l'esprit d'entreprise. En investissant dans les entreprises locales et les entreprises en démarrage, les investisseurs locaux peuvent contribuer à créer un environnement qui encourage l'innovation et l'entrepreneuriat. Cela peut conduire au développement de nouveaux produits et services, ce qui peut créer de nouveaux emplois et de nouvelles opportunités économiques.

Les investisseurs locaux peuvent aider à créer un sentiment de communauté. En investissant dans des entreprises locales et des start-ups, les investisseurs locaux peuvent contribuer à créer un sentiment de fierté et d'appropriation dans la communauté locale. Cela peut aider à créer un sentiment d'appartenance à la communauté plus fort et à favoriser une économie locale plus dynamique.

Fonds régionaux d'investissement

Les fonds d'investissement régionaux (RIF) sont un type de fonds de capital-risque qui investit dans des entreprises situées dans uneRégion spécifique. Les RIF sont généralement gérés par une société d'investissement professionnelle et sont conçus pour fournir des capitaux aux entreprises de la région afin de stimuler la croissance économique et la création d'emplois. Les RIF sont souvent utilisés pour financer des start-ups et des petites entreprises quipeuvent ne pas être en mesure d'accéder aux sources traditionnelles de capitaux.

L'impact des RIF sur la croissance des entreprises et les démarrages peut être important. Les RIF donnent accès à des capitaux qui ne sont peut-être pas disponibles auprès de sources traditionnelles, telles que les banques ou les sociétés de capital-risque. Cela est particulièrement avantageux pour les entreprises en démarrage et les petites entreprises qui n'ont peut-être pas les ressources nécessaires pour accéder à des capitaux provenant d'autres sources. Les RIF peuvent fournir une source de capital pour les entreprises qui n'ont peut-être pas les garanties ou les antécédents de crédit nécessaires pour obtenir un prêt auprès d'une banque.

Les FRI peuvent également fournir aux entreprises un accès à des investisseurs et des conseillers expérimentés qui peuvent fournir des conseils sur la meilleure façon d'utiliser le capital pour faire croître l'entreprise. Cela est particulièrement avantageux pour les entreprises en démarrage et les petites entreprises qui n'ont peut-être pas accès à des conseillers expérimentés.

Les RIF peuvent également contribuer à créer des emplois dans la région. En investissant dans les entreprises de la région, les RIF peuvent contribuer à créer de nouveaux emplois et à stimuler la croissance économique. Cela est particulièrement bénéfique pour les régions qui peuvent avoir desdifficultés économiques.

Les RIF peuvent avoir un impact significatif sur la croissance et le démarrage d'entreprises. En donnant accès à des capitaux et à des conseillers expérimentés, les FRR peuvent aider les entreprises à croître et à créer des emplois dans la région.

Banques régionales de développement

Les banques régionales de développement(RDB) sont des institutions financières spécialisées qui accordent des prêts, des subventions et d'autres formes d'aide financière aux entreprises et aux particuliers d'une région donnée. Les PDR sont généralement établies par les gouvernements pour promouvoir le développement économique dans unerégion particulière et pour donner accès au capital aux entreprises et aux particuliers qui, autrement, n'auraient peut-être pas accès aux sources traditionnelles de financement.

Les RDB ont un impact significatif sur la croissance et le démarrage des entreprises. En donnant accès au capital, les BDR permettentaux entreprises d'étendre leurs activités et d'embaucher des employés supplémentaires. Cette activité économique accrue peut entraîner la création d'emplois, une augmentation des salaires et une croissance économique accrue dans la région. Les BDR peuvent fournir une assistance technique et des conseils aux entreprises, ce qui peut les aider à devenir plus compétitives et à réussir.

Les BDR fournissent également du financement aux entreprises en démarrage, ce qui est essentiel au succès d'une nouvelle entreprise. Les start-ups manquent souvent du capital nécessaire pour lancer leur entreprise, et les RDB peuvent fournir les fonds nécessaires pourlancer l'entreprise. Les BDR peuvent fournir des conseils et une orientation aux entreprises en démarrage, ce qui peut les aider à naviguer dans les complexités du démarrage d'une entreprise.

Les BDR peuvent donner accès à des capitaux à des personnes qui, autrement, n'auraient peut-être pas accès à dessources de financement supplémentaires. Ceci est particulièrement avantageux pour les personnes qui sont dans les tranches de revenu inférieures ou qui ont de mauvais antécédents de crédit. En donnant accès à des capitaux, les PDR peuvent aider les particuliers à démarrer des entreprises, à acheter des maisons et à financer d'autres investissements importants.

Fonds d'investissement communautaire

Les fonds d'investissement communautaire (FIC) sont un type d'instrument financier qui fournit des capitaux aux entreprises et aux entreprises en démarrage dans les collectivités mal desservies. Ces fonds sont conçus pour aider à stimuler le développement économique et la création d'emplois dans des domaines qui sont souvent négligés par les prêteurs traditionnels. Les FIC sont généralement financés par des sources publiques et privées, y compris des subventions gouvernementales, des fondations et des investissements d'entreprises.

L'objectif principal des FIC est de fournir des capitaux aux entreprises d'autobus et aux entreprises en démarrage dans les collectivités mal desservies, leur permettant ainsi de croître et de créer des emplois. Ce type d'investissement peut avoir un impact positif sur l'économie locale, car les entreprises sont en mesure de prendre de l'expansion et d'embaucher plus d'employés. Les FIC peuvent aider à réduire la pauvreté et les inégalités dans la communauté en donnant accès au capital à ceux qui, autrement, n'auraient peut-être pas accès au financement traditionnel.

Les CIF peuvent également donner un coup de pouce aux start-ups et aux petites entreprises. En fournissant des capitaux à ces entreprises, les FIC peuvent les aider à croître et à devenir plus concurrentielles sur leurs marchés respectifs. Cela peut entraîner une augmentation des ventes et des profits, ce qui peut à son tour entraîner une augmentation des emplois et une croissance économique dans la collectivité.

Les FIC peuvent également aider à attirer de nouvelles entreprises dans la région. En fournissant des capitaux aux entreprises en démarrage et aux petites entreprises, les FIC peuvent aider à créer un environnement commercial plus attrayant dans la collectivité. Cela peut attirer de nouvelles entreprises et de nouveaux entrepreneurs, ce qui peut entraîner une augmentation de l'activité économique et la création d'emplois.

Fondsd'investissement public

Les fonds d'investissement public (FIP) sont des véhicules d'investissement parrainés par le gouvernement qui sont utilisés pour financer des projets publics et stimuler la croissance économique. Les FIP sont généralement gérés par un organisme gouvernemental ou une entité privée, et ils peuvent être utilisés pour financerune variété de projets, y compris l'infrastructure, le logement, l'éducation, les soins   de   santé   et   la   technologie.

L'objectif principal des FIP est de stimuler la croissance économique et le développement dans une région ou un pays. En investissant dans des projets publics, les FIP peuvent aider à créer des emplois, à attirer de nouvelles entreprises et à générer des revenus pour le gouvernement. Les FIP peuvent contribuer à réduire la pauvreté et les inégalités en donnant accès au capital à ceux qui ne peuvent pas accéder   au   financement   traditionnel.

Les PIF peuvent avoir un impact significatif sur les entreprises et les jeunes entreprises. En donnant accès au capital, les FRP peuvent aider les entrepreneurs et les petites entreprises à prendre leur envol. Les FRP peuvent également donner accès à de nouveaux marchés et à de nouvelles technologies, ce qui peut aider les entreprises à croître et à devenir plus compétitives. LesFI P peuvent donner accès à une assistance technique et à un mentorat, ce qui peut aider les entreprises à se développer et à réussir.

Les PIF peuvent également avoir un impact sur l'économie locale. En investissant dans des projets locaux, les FIP peuvent contribuer à créer des emplois et à stimuler l'activité économique. Les FIP peuvent aider à attirer de nouvelles entreprises et de nouveaux investissements dans la région, ce qui peut entraîner une croissance économique accrue.

Prêts garantis par le gouvernement

Les prêts garantis par le gouvernement sont des prêts émis par des banques ou d'autres institutions financières et garantis par une garantie gouvernementale. Ces prêts sont conçus pour aider les entreprises à croître et les entreprises en démarrage à démarrer. Le gouvernement fournit une garantie au prêteur que le prêt sera remboursé, même si l'entreprise fait faillite. Cela réduit le risque pour le prêteur, caril est plus susceptible d'approuver le prêt.

Les prêts garantis par le gouvernement sont avantageux pour les entreprises, car ils ont généralement des taux d'intérêt inférieurs à ceux des prêts traditionnels. Cela les rend plus abordables pour les entreprises, leur permettant d'accéder au capital dont elles ont besoin pour croître et prendre de l'expansion. Ces prêts ont souvent des conditions de remboursement plus flexibles, ce qui les rend plus faciles à gérer.

Les prêts garantis par le gouvernement peuvent également aider les entreprises à accéder à des capitaux qu'elles ne peuvent peut-être pas obtenir des prêteurs traditionnels. Cela est particulièrement vrai pour les start-ups, qui n'ont souvent pas les antécédents de crédit ou les garanties nécessaires pour obtenir un prêt auprès d'une banque. Les prêts garantis par le gouvernement peuvent fournir le capital nécessaire pour lancer une entreprise.

La disponibilité de prêts garantis par l'État peut également avoirun impact positif sur l'économie. En donnant aux entreprises un accès au capital, ces prêts peuvent aider à créer des emplois et à stimuler la croissance économique. Les taux d'intérêt plus bas associés à ces prêts peuvent aider les entreprises à économiser de l'argent, qui peut être réinvesti dansl'entreprise ou utilisé pour embaucher plus d'employés.

Sociétés d'investissement dans les petites entreprises

Les petites entreprises d'investissement (SBIC) sont des sociétés privées de capital-risque qui fournissent des capitaux et de l'aide aux petites entreprises. Ces entreprises sont agréées et réglementéespar la Small Business Administration (SBA) et sont conçues pour aider les petites entreprises à croître et à se développer. Les SBIC offrent une variété de services, y compris le capital de risque, le financement par emprunt et l'aide à   la   gestion.

Les SBIC constituent une source précieuse de capitaux pourles petites entreprises, en particulier celles qui ne sont pas en mesure d'obtenir un financement de sources traditionnelles. Les SBIC peuvent offrir une variété d'options de financement, y compris des investissements en actions, du financement par emprunt et du capital de risque. Les SBIC fournissent également une assistance à la gestion, telle que la planification stratégique, les études de marché et les services   de   développement   des   affaires.

L'impact des SBIC sur la croissance et le démarrage d'entreprises est significatif. Les SBIC fournissent une source de capital qui n'est souvent pas disponible pour les petites entreprises à partir des acides traditionnels. Ce capital permet aux petites entreprises d'étendre leurs   activités,   d'embaucher   des   employés supplémentaires et d'acheter de nouveaux équipements. En outre, l'aide à la gestion fournie par les SBIC peut aider les petites entreprises à élaborer des stratégies efficaces de croissance et de réussite.

Les SBIC constituent également une source précieuse de capitaux pour les start-ups. Les start-ups n'ont souvent pas le capital nécessaire pour lancer leur entreprise et croître. Les SBIC peuvent fournir le capital nécessaire pour aider les start-ups à démarrer et à croître. En outre, l'assistance en matière de gestionfournie par les SBIC peut aider les start-ups à développer des stratégies efficaces de croissance et de succès.

Dette subordonnée

La dette subordonnée est un type de dette qui a un rang inférieur à celui des autres titres de créance en cas de liquidation d'une entreprise. Il est également connu sous le nom de dette junior ou prêt subordonné. La dette subordonnée est généralement non garantie et comporte des taux d'intérêt plus élevés que les autres formes de dette.

La dette subordonnée est un outil utile pour les entreprises afin de mobiliser des capitaux. Il fournit une source de financementqui n'est pas aussi coûteuse que les capitaux propres et est utilisée pour financer une variété d'activités, telles que l'expansion, les acquisitions et le refinancement. La dette subordonnée peut également être utilisée pour augmenter l'endettement d'une entreprise, ce qui peut contribuer à augmenter les rendements pour les actionnaires.

La dette subordonnée est bénéfique pour les start-ups car elle peut les aider à obtenir un financement sans avoir à renoncer à des capitaux propres dans l'entreprise. Il peut également être utilisé pour financer des activités qui seraient autrement trop coûteuses pour l'entreprise à financer avec des fonds propres. La

dette subordonnée peut également être bénéfique pour les entreprises qui cherchent à croître. Il peut fournir une source de financement qui n'est pas aussi coûteuse que les capitaux propres et est utilisé pour financer des activités telles que l'expansion, les acquisitions et le refinancement. L'utilisation de la dette subordonnée peut également aider à augmenter l'effet de levier d'une entreprise, ce qui peut aider à augmenter les rendements pour les actionnaires. La

dette subordonnée peut également contribuer à réduire le risque de faillite d'une entreprise. En cas de liquidation d'une entreprise, les détenteurs de dettes subordonnées sont payés après les autres créanciers, ce qui peut contribuer à réduire le risque de pertes pour l'entreprise.

Financement de l'augmentation d'impôt

Le financement par augmentation d'impôt (TIF) est un outil de financement public utilisé pour financer des projets d'infrastructure publique et de développement. C'est un moyen pourles gouvernements locaux de financer des projets qui, autrement, seraient trop coûteux à financer par des moyens traditionnels. Le FIT est utilisé pour attirer des investissements privés et stimuler la croissance économique dans une région spécifique.

Le FIT fonctionne en permettant à un gouvernement local de capter les recettes fiscales foncières générées par un projet de développement et de les utiliser pour financer le projet. L'augmentation des recettes provenant de l'impôt foncier est connue sous le nom d'« augmentation d'impôt » et correspond à la différence entre le montant des recettes provenant de l'impôt foncier généré avant le projet et le montant généré après l'achèvement du projet.

Le FIT est une option de financement attrayante pour les entreprises, car il leur permet d'accéder à des fonds pour des projets sans avoir à s'endetter davantage. Cela est particulièrement avantageux pour les entreprises en démarrage et les petites entreprises qui n'ont peut-être pas accès aux options de financement traditionnelles.

Le FIT peut également être utilisé pour financer des projets d'infrastructure publique tels que des routes, des ponts et des transports en commun. Ces projets peuvent contribuer à créer un environnement plus attrayant pour les entreprises, ce qui peut conduire à une croissance économique accrue et à la création d'emplois.

Le FIT peut également être utilisé pour financer des services publics tels que les écoles, les bibliothèques et les parcs. Ces services peuvent contribuer à créer un environnement plus attrayant pour les entreprises, ce qui peut entraîner une croissance économique accrue et la création d'emplois.

Prêts commerciaux non garantis

Les prêts commerciaux non garantis sont un type de financement qui n'exige pas de garantie pour être utilisé comme garantie. Ils sont souvent utilisés par les petites entreprises et les entreprises en démarrage pour financer leurs activités et leur croissance.

Le principal avantage des prêts commerciaux non garantis est qu'ils sont plus faciles à obtenir que les prêts garantis. En effet, le prêteur n'a pas à s'inquiéter du défaut de paiement de l'emprunteur sur le prêt, car il n'y a pas de garantie à reprendre en cas de défaut. Cela les rend attrayants pour les entreprises qui n'ont peut-être pas les actifs nécessaires pour obtenir un prêt.

Un autre avantage des prêts commerciaux non garantis est qu'ils peuvent fournir aux entreprises un accès rapide au capital. Ceci est particulièrement bénéfique pour les start-ups, car elles ont souvent besoin d'accéder rapidement à des fonds pour démarrer leur entreprise.

L'inconvénient des prêts commerciaux non garantis est qu'ils ont tendance à avoir des taux d'intérêt plus élevés que les prêts garantis. C'est parce que le prêteur prend plus de risques en n'ayant aucune garantie à reprendre en cas de défaut.

En outre, les prêts commerciaux non garantis sont

difficiles à obtenir. En effet, les prêteurs hésitent souvent à prêter de l'argent à des entreprises qui n'ont pas d'actifs pour garantir le prêt.

Malgré les taux d'intérêt élevés et la difficulté à les obtenir, les prêts commerciaux non garantis permettent aux entreprises d'accéder rapidement à des capitaux. Ceci est particulièrement bénéfique pour les start-ups, car elles ont souvent besoin d'accéder rapidement à des fonds pour démarrer leur entreprise.

Prêts aux entreprises de l'USDA

Le département de l'Agriculture des États-Unis (USDA) accorde des prêts aux petites entreprises et aux entreprises en démarrage dans les zones rurales. Ces prêts sont conçus pour aider les entreprises à croître et à prendre de l'expansion, à créer des emplois et à améliorer l'économie locale. L'USDA fournit des prêts directs et garantis aux entreprises, et les termes et conditions varient selon le type de prêt.

Les prêts directs sont fournis directement par l'USDA à l'entreprise. Ces prêts sont généralement utilisés pour l'expansion des entreprises, les achats d'équipementet le fonds de roulement. Les conditions du prêt peuvent varier, mais comprennent généralement un taux d'intérêt fixe et des conditions de remboursement allant jusqu'à 30 ans. Le montant du prêt est basé sur la solvabilité de l'emprunteur et l'objet du prêt.

Les **prêts garantis sont** fournis par des prêteurs privés, mais sont garantis par l'USDA. Ces prêts sont généralement utilisés pour le démarrage et l'expansion d'entreprises, et les termes et conditions du prêt sont déterminés par le prêteur. Le montant du prêt est basé sur la solvabilité du borrower et l'objet du prêt.

Le programme de prêts aux entreprises de l'USDA a eu un impact positif sur les entreprises et les entreprises en démarrage dans les zones rurales. Ces prêts ont permis aux entreprises de se développer et de créer des emplois, ce qui a contribué à améliorer l'économie locale. Les prêts ont également permis aux entreprises d'acheter de l'équipement et du fonds de roulement, ce qui les a aidées à devenir plus concurrentielles et rentables.

Financement des fournisseurs

Le financement par fournisseur est un type de financement fourni par un vendeur ou un fournisseur à un client. Il s'agit d'une forme de financement à court terme utilisée pour acheter des biens ou des services auprès d'un vendeur ou d'un fournisseur. Le financement par fournisseur est souvent utilisé par les entreprises pour acheter des stocks, de l'équipement ou d'autres biens et services auprès d'un fournisseur ou d'unupplier.

Le financement du fournisseur est bénéfique à la fois pour le vendeur et pour le client. Pour le fournisseur, cela peut fournir un flux régulier de revenus et aider à fidéliser la clientèle. Pour le client, il peut fournir un accès aux biens et services nécessaires sans avoir à payer à l'avance. Ceci est particulièrement bénéfique pour les petites entreprises et les entreprises en démarrage, qui n'ont peut-être pas les ressources nécessaires pour payer des achats importants à l'avance.

Le financement des fournisseurs peut avoir un impact positif sur la croissance et le démarrage des entreprises. Fournir l'accès aux services nécessairessans avoir à payer à l'avance peut aider à réduire les coûts et à augmenter les flux de trésorerie. Cela peut aider les entreprises à croître et à prendre de l'expansion, ainsi que leur permettre de tirer parti d'occasions qui n'auraient peut-être pas été disponibles sans le financement.

Le financement des fournisseurs peut également être bénéfique pour les start-ups. Donner accès aux biens et services nécessaires sans avoir à payer à l'avance peut aider à réduire les coûts et à augmenter les flux de trésorerie. Cela peut aider les start-ups à décoller et à commencer à générer des revenus. Cela peut également aider à fidéliser la clientèle, car les clients peuvent être plus susceptibles d'acheter auprès d'un fournisseur qui fournit du financement.

Centres d'affaires pour femmes

Les centres d'affaires pour femmes (WBC) sont un type d'incubateur d'entreprises qui fournit des ressources et un soutien auxfemmes entrepreneures. Les WBC sont conçus pour aider les femmes à démarrer, développer et maintenir leur entreprise. Ils offrent une gamme de services, y compris l'élaboration de plans d'affaires, la littératie financière, l'accès au capital, le mentorat et les possibilités de réseautage. Les WBC donnent également accès à des ressources telles que des études de marché, du coaching d'affaires et des conseils juridiques.

L'impact des WBC sur la croissance et le démarrage d'entreprises est significatif. Les WBC fournissent les ressources et le soutien nécessaires aux femmes pour démarrer et faire croître leur entreprise. Ils donnent accès à des capitaux, à du mentorat et à des possibilités de réseautage, ce qui est inestimable pour les entrepreneurs. Les WBC donnent également accès à des ressources telles que des études de marché, du coaching d'affaires et des conseils juridiques, qui peuvent aider les entrepreneurs à prendre des décisions éclairées et à augmenter leurs chances de succès.

Il a également été démontré que les WBC ont un impact positif sur la croissance économique des communautés. Des études ont montré que les WBC ont un effet positif sur la création d'emplois, le développement économique et la santé économique globale des communautés. On a également constaté que les WBC ont un effet positif sur le nombre d'entreprises appartenant à des femmes dans une région, ce qui peut entraîner une augmentation de l'activité économique.

Prêts de fonds de roulement

Les prêts de fonds de roulement sont un type de prêt qui aide les entreprises àcouvrir les dépenses à court terme. Ces prêts sont généralement utilisés pour couvrir des dépenses telles que la masse salariale, les stocks et autres coûts opérationnels. Les prêts de fonds de roulement sont importants pour les entreprises, car ils fournissent les fonds nécessaires pour maintenir leurs activités.

L'impact des prêts de fonds de roulement sur la croissance et le démarrage d'entreprises est important. Les prêts de fonds de roulement fournissent aux entreprises les fonds dont elles ont besoin pour couvrir leurs dépenses à court terme et investir dans la croissance à long terme. Pour les entreprises en démarrage, les prêts de fonds de roulement peuvent fournir les fonds nécessaires pour lancer l'entreprise. Ils sont utilisés pour acheter de l'équipement, embaucher du personnel et couvrir d'autres coûts de démarrage.

Les prêts de fonds de roulement peuvent également aider les entreprises à prendre de l'expansion et à croître. Les fonds peuvent être utilisés pour acheter des stocks supplémentaires, embaucher plus de personnel et investir dans le marketing et la publicité. Cela peut aider les entreprises à atteindre de nouveaux clients et à augmenter leurs ventes. Les prêts de fonds de roulement peuvent aider les entreprises à gérer leurs flux de trésorerie et à réduire le risque de manquer d'argent.

CHAPITRE DOUZE

Utiliser la technologie pour accroître l'efficacité

La technologie est devenue une partie intégrante des opérations commerciales dans le monde moderne. Il a permis aux entreprises d'accroître leur efficacité et leur productivité, tout en réduisant leurs coûts. La technologie a également permis aux entreprises d'atteindre de nouveaux marchés et clients, tout en leur offrant de nouvelles opportunités de croissance et d'expansion.

La technologie a eu un impact significatif sur l'efficacité des entreprises. La technologie a permis aux entreprises d'automatiser les processus, lesopérations de surveillance et de réduire les coûts. L'automatisation a permis aux entreprises de réduire le temps et les efforts nécessaires pour accomplir les tâches, tout en réduisant le besoin de travail manuel. *La technologie a permis aux entreprises d'accéder aux données et de les analyser plus rapidement et avec plus de précision, ce qui leur a permis de prendre de meilleures décisions et d'obtenir un avantage concurrentiel.*

La technologie a également permis aux entreprises d'atteindre de nouveaux marchés et clients. En utilisant des outils de marketing numérique, les entreprises peuvent atteindre un public plus large et augmenter leurclientèle. La technologie a permis aux entreprises d'offrir un meilleur service à la clientèle, ce qui peut accroître la fidélité et la satisfaction des clients.

La technologie a eu un impact significatif sur la croissance et le démarrage d'entreprises. La technologie a permisaux entreprises d'évoluer rapidement et efficacement, tout en réduisant le coût des affaires. La technologie a également permis aux entreprises d'accéder à de nouveaux marchés et clients, tout en leur offrant de nouvelles opportunités de croissance et d'expansion.

Quelles sont les technologies que vous pouvez utiliser pour accroître l'efficacité de votre entreprise ?

Automatisation des processus de service à la clientèle.

- **Automatisez les demandes de service client** : utilisez des chatbots automatisés pour répondre aux demandes des clients et fournir un service client de base. Cela peut aider à réduire le nombre de demandes de renseignements du service client et libérer du temps pour que les agents du service client puissent se concentrer sur des problèmes plus complexes.

- **Automatisez les processus de service client** : utilisez l'automatisation pour rationaliser les processus de service client. Cela peut inclure l'automatisation de l'exécution des commandes, l'intégration des clients et les commentaires des clients. L'automatisation de ces processus peut aider à réduire le travail manuel et à libérer du temps pour que les agents du service client puissent se concentrer sur des problèmes plus complexes.

- **Automatisez l'analyse du service client** : utilisez l'analyse pour obtenir des informations sur les performances du service client. Cela peut aider à identifier les domaines d'amélioration et permettre aux agents du service client de mieux servir les clients.

- **Automatiser les commentaires duservice à la clientèle:** Utilisez des systèmes de rétroaction automatisés pour recueillir les commentaires des clients. Cela peut aider à identifier les domaines d'amélioration et permettre aux agents du service client de mieux servir les clients.

- **Automatisez les notifications du service client :** utilisez des notifications automatiséespour tenir les clients informés de leurs commandes, de l'état de leur compte et d'autres informations importantes. Cela peut aider à réduire la frustration des clients et à améliorer le service à la clientèle.

Mise en œuvre de solutions basées sur le cloud pour le stockage et le partage de données.

Les solutions basées sur le cloudsont de plus en plus populaires pour le stockage et le partage de données pour la croissance des entreprises et les start-ups. Les solutions basées sur le cloud offrent un certain nombre d'avantages, notamment des économies de coûts, de l'évolutivité et de la flexibilité. Ils fournissent également un environnement sécurisé pour le stockage et le partage des données.

- **Économies de coûts :** les solutions basées sur le cloud sont souvent plus rentables que les solutions traditionnelles sur site. En effet, les entreprises n'ont pas besoin d'acheter et de maintenir du matériel ou des logiciels coûteux. Au lieu de cela, ils peuvent payer pour lesservices dont ils ont besoin sur une base de paiement au décaissement.

- **Évolutivité : les** solutions basées sur le cloud sont hautement évolutives, ce qui signifie que les entreprises peuvent facilement augmenter ou diminuer leur utilisation en fonction de leurs besoins. Ceci est particulièrement utile pour les start-ups, qui peuvent avoir besoin d'étendre rapidement leurs services à mesure que leur entreprise se développe.

- **Flexibilité:** les solutions basées sur le cloud sont également très flexibles, permettant aux entreprises d'accéder à leurs données de n'importe où dans le monde. Ceci est particulièrement utile pour les entreprises ayant plusieurs emplacements ou les employés qui voyagent fréquemment.

- **Sécurité : Les** solutions basées sur le cloudsont hautement sécurisées, car elles fournissent des services de cryptage et d'authentification pour protéger les données contre les accès non autorisés. Ceci est particulièrement important pour les entreprises qui traitent des informations sensibles, telles que des données financières ou des données clients.

Les solutions basées sur le cloud sont un choix idéal pour les entreprises qui cherchent à stocker et à partager des données pour la croissance et les start-ups. Ils offrent des économies de coûts, de l'évolutivité, de la flexibilité et de la sécurité, ce qui en fait une excellente option pour les entreprises de toutes tailles.

Utiliser l'analytique pour suivre le comportement et les préférences des clients.

L'analyse est un outil puissant permettant aux entreprises de suivre le comportement et les préférences des clients afin de mieux comprendre leurs besoins et leurs préférences. Ceci est utilisé pour éclairer les décisions sur le développement de produits, les stratégies marketinget le service à la clientèle.

Les entreprises peuvent utiliser l'analyse pour suivre le comportement et les préférences des clients de plusieurs façons. Ils peuvent suivre l'historique des achats des clients, l'utilisation du site Web et des applications, ainsi que les avis en ligne. Ces données sont utilisées pour identifier les besoins et les préférences des clients, ainsi que pour développer des campagnes de marketing et des offres de produits ciblées.

L'analyse peut également être utilisée pour suivre

l'engagement des clients avec les comptes de médias sociaux d'une entreprise. Cela peut aider les entreprises à comprendre quel contenu résonne avec les clients et quelsmessages sont les plus susceptibles de générer de l'engagement.

Pour les start-ups, les analyses sont utilisées pour suivre le comportement et les préférences des clients afin de mieux comprendre leurs besoins et leurs préférences. Cela peut aider les start-ups à identifier les besoins des clients et à développer des produits et des services qui répondent à ces besoins. L'analyse peut également aider les start-ups à identifier les marchés potentiels et à les cibler avec des campagnes marketing personnalisées.

Outils de marketing en ligne pour atteindre de nouveaux clients.

- **Optimisation des moteurs de recherche (SEO):** Le référencement est un outil puissant pour présenter votre entreprise à des clients potentiels. Cela implique d'optimiser votre site Web et votre contenu pour qu'ils se classent plus haut dans les résultats des moteurs de recherche, ce qui permet aux clients de vous trouver plus facilement.

- **Marketing des médias sociaux:** les médias sociaux sont un moyen efficace d'atteindre de nouveaux clients et d'établir des relations avec eux. Vous pouvez utiliser des plateformes pour partager du contenu, interagir avec les clients et promouvoir votre entreprise.

- **Marketing de contenu:** Le marketing de contenu est un moyen unique d'attirer de nouveaux clients et d'établir une relation de confiance avec eux. Vous pouvez créer des articles de blog, des vidéos et d'autres types de contenu pour fournir des informations précieuses à votre public et leur montrer pourquoi ils devraient choisir votre entreprise.

- **Marketing par** e-mail: Le marketing par e-mail est un moyen doux de rester en contact avec les clients existants et d'en atteindre de nouveaux. Vous pouvez utiliser les bulletins d'information par e-mail pour partager des mises à jour, des promotions et d'autres contenus afin de maintenir l'engagement et l'intérêt des clients pour votre entreprise.

- **Publicité Pay-Per-Click:** La publicité Pay-per-click (PPC) est un moyen en ligne de présenter rapidement votre entreprise à des clients potentiels. Vous pouvez utiliser des plateformes pour créer des annonces qui ciblent des mots clés spécifiques et qui apparaissent lorsque les clients recherchent ces termes.

Desatbots ch pilotés par l'IA pour améliorer le service client.

Les chatbots basés sur l'IA peuvent être utilisés pour améliorer le service client pour la croissance des entreprises et les start-ups de plusieurs façons. Les chatbots sont utilisés pour automatiser les demandes de service client, fournir un service client personnalisé et même fournir un support client 24h / 24 et 7j / 7.

Les chatbots sont utilisés pour répondre aux demandes des clients rapidement et avec précision. Cela peut aider à réduire les temps d'attente des clients et à améliorer leur satisfaction. Les chatbots peuvent également être utilisés pour fournir un service client personnalisé. En utilisant le traitement du langage naturel piloté par l'IA, les chatbots peuvent comprendre les demandes des clients et fournir des réponses personnalisées.

Les chatbots peuvent également être utilisés pour fournir un support client 24h / 24 et 7j / 7. Ceci est particulièrement bénéfique pour les start-ups qui n'ont peut-être pas les ressources nécessaires pourfournir un service client en permanence. Les chatbots basés sur l'IA sont utilisés pour répondre aux demandes des clients et fournir une assistance à toute heure du jour ou de la nuit.

Les chatbots basés sur l'IA sont utilisés pour collecter des données client. Ces données sont utilisées pour obtenir des informations sur le comportement et les préférences desutilisateurs personnalisés, ce qui peut aider les entreprises à améliorer leurs produits et services. En utilisant des chatbots basés sur l'IA, les entreprises peuvent obtenir des informations précieuses sur leurs clients et utiliser ces données pour améliorer leur service client et développer leur activité.

Plateformes de médias sociaux pour interagir avec les clients.

Les plateformes de médias sociaux sont un moyen sûr d'interagir avec les clients et de développer votre entreprise. Ils fournissent une plate-forme permettant aux entreprises d'interagir avec leurs clients, d'établir des relations et d'accroître la connaissancede la marque.

La première étape de l'utilisation des médias sociaux pour la croissance de l'entreprise est de créer une présence sur les principales plateformes de médias sociaux. Cela inclut la création de comptes sur toutes les principales plateformes de médias sociaux. Une fois ces comptes créés, les entreprises doivent commencer à s'engageravec leurs clients. Cela se fait par le biais de publications, de commentaires et de messages.

Les entreprises devraient également utiliser les médias sociaux pour promouvoir leurs produits et services. Cela se fait par le biais de publications, d'annonces et de contenu sponsorisé. Les entreprises devraient utiliser les médias sociaux pour établir des relations avec leurs clients. Cela se fait en répondant aux commentaires et aux messages, en engageant des conversations et en fournissant des conseils et des informations utiles.

Les entreprises devraient également utiliser les médias sociaux pour créer du contenu pertinent pour leurindustrie. Cela peut inclure des articles de blog, des vidéos et des podcasts. Les entreprises devraient utiliser les médias sociaux pour se tenir au courant des tendances et des nouvelles de l'industrie. Cela se fait en suivant les leaders et les influenceurs de l'industrie.

Les entreprises devraient utiliser les médias sociaux pour mesurerle succès de leurs campagnes. Cela se fait par le suivi des mentions J'aime, des commentaires et des partages. Les entreprises devraient utiliser des outils d'analyse pour mesurer la portée et l'engagement de leurs publications.

L'utilisation des médias sociaux pour la croissance des entreprises et les start-ups est un processus précis pour interagir avec les clients, établir des relations et accroître la notoriété de la marque. En créant une présence sur les principales plateformes de médias sociaux, en s'engageant avec les clients, en faisant la promotion de produits et services, en créant du contenu et en mesurant le succès, les entreprises peuvent utiliser les médias sociauxpour développer leurs activités et atteindre de nouveaux clients.

Vidéoconférence pour se connecter avec des équipes distantes.

La vidéoconférence est une technologie qui permet aux gens de communiquer entre eux sur Internet en utilisant la vidéo et l'audio. Il est devenu deplus en plus populaire ces dernières années, car il permet aux gens de rester en contact avec leurs collègues, leurs amis et leur famille, même lorsqu'ils ne sont pas physiquement présents.

- La vidéoconférence peut être utilisée pour connecter des équipes distantes, ce qui leur permet de collaborer sur des projets, de partager des idées et de rester au courant des derniers développements. Il peut également être utilisé pour la formation et l'éducation à distance, ainsi que pour des réunions et des conférences virtuelles. Avec l'aide de la vidéoconférence, les entreprises peuvent économiser du temps et de l'argent en éliminantle besoin de voyager, tout en permettant une communication productive et efficace.

- La visioconférence est devenue un moyen de plus en plus populaire pour les entreprises de se connecter avec des équipes distantes et de faciliter la collaboration. Il est devenu un outil inestimable pour les entreprises de toutes tailles, des petites entreprises en démarrage aux grandes entreprises. La vidéoconférence offre un certain nombre d'avantages qui peuvent aider les entreprises à croître et à réussir.

- L'avantage le plus évident de la visioconférence est la possibilité de se connecter avec des équipes distantes.

Cela permet aux entreprises de collaborer avec des équipes situées dans différentes parties du monde, sans avoir à se déplacer. Cela peut permettre aux entreprises d'économiser du temps et de l'argent, ainsi que d'accéder à un plus grand bassin de talents.

- La visioconférence permet égalementaux entreprises de rester en contact avec leurs équipes, même lorsqu'elles ne sont pas physiquement présentes. Cela peut aider à maintenir le moral et à s'assurer que tout le monde est sur la même longueur d'onde. Il permet également aux entreprises de rester en contact avec leurs clients et partenaires, ce qui peut permettred'établir des relations et de favoriser la confiance.

- La vidéoconférence peut également aider les entreprises à économiser de l'argent. En utilisant la vidéoconférence, les entreprises peuvent réduire leurs frais de déplacement et économiser sur le coût de location des salles de réunion. Cela peut aider les entreprises à économiser du mois, qui peut ensuite être réinvesti dans d'autres domaines de l'entreprise.

- La vidéoconférence peut également aider les entreprises à augmenter leur productivité. En permettant aux équipes de collaborer à distance, les entreprises peuvent en faire plus en moins de temps. Cela peut aider les entreprises à augmenter leur production et à améliorer leurs résultats.

- La vidéoconférence aide les entreprises à rester compétitives. En restant en contact avec leurs équipes et leurs clients, les entreprises peuvent garder une longueur d'avance sur la concurrence et s'assurer qu'elles fournissent le meilleur service possible.

La vidéoconférence est un outil inestimable pour les entreprises de toutes tailles. Il peut aider les entreprises à économiser de l'argent, à augmenter leur productivité et à rester en contact avec leurs équipes et leurs clients. Cela peut aider les entreprises à croître et à réussir.

Logiciel de gestion de projet pour gérer les tâches et les délais.

Le logiciel de gestion de projet est un outil puissant pour les entreprises et les start-ups pour gérer les tâches et les délais. Il permet de rationaliser les processus, d'accroître l'efficacité et d'améliorer la collaboration. Il permetd'économiser du temps et de l'argent en réduisant le besoin de processus manuels et en veillant à ce que les tâches soient terminées à temps.

- Les logiciels de gestion de projet aident les entreprises et les start-ups à planifier et à exécuter des projets plus efficacement. Il s'agit de créer un calendrier pour les tâches et les échéances, d'attribuer des tâches aux membres de l'équipe et de suivre les progrès pour s'assurer que les projets sont achevés à temps et dans les limites du budget.

- Le logiciel de gestion de projet vise à améliorer la collaboration entre les membres de l'équipe. Il fournit également une plate-forme centrale pour la communication et lacollaboration, permettant aux membres de l'équipe de partager facilement des idées et de travailler ensemble. Cela permet de réduire le temps consacré aux processus manuels et d'accroître l'efficacité.

- Le logiciel de gestion de projet est d'améliorer la satisfaction du client. Il s'agit de s'assurer que les demandes des clients sonttraitées rapidement et efficacement, et que les commentaires des clients sont pris en compte pour améliorer la fidélité des clients et augmenter la satisfaction des clients.

Les logiciels de gestion de projet aident à améliorer la croissance des entreprises et les démarrages afin d'identifier les domaines d'amélioration et de s'assurer que les projets sont achevés à temps et dans les limites du budget. Il s'agit d'augmenter les profits et d'assurer le succès des entreprises et des start-ups.

Des solutions e-commerce pour rationaliser les ventes.

Les solutions de commerce électronique sont de plus en plus populaires pour les entreprises de toutes tailles, des grandes entreprises aux petites entreprises en démarrage. Ces solutions offrent aux entreprises une gamme d'avantages, notamment une efficacité accrue, des économies de coûts et un service client amélioré. Ils aident également les entreprisesà rationaliser leurs processus de vente, ce qui leur permet de se concentrer davantage sur la croissance de leur entreprise.

- Les solutions de commerce électronique aident les entreprises à rationaliser leurs processus de vente en automatisant de nombreuses tâches associées aux ventes. Cela inclut l'automatisation dutraitement des commandes, du service client et de la gestion des stocks.

- L'automatisation permet de réduire le temps et les efforts nécessaires à la gestion des ventes, libérant ainsi des ressources pour se concentrer sur d'autres domaines de l'entreprise. L'automatisation permet d'assurer la précision et la cohérence duprocessus de vente, réduisant ainsi les risques d'erreurs ou d'occasions manquées.

- Les solutions de commerce électronique contribuent également à améliorer le service à la clientèle. En automatisant les tâches du service client. Les entreprises offrent aux clients un service plus rapide et plus efficace. Cela contribue à augmenter la satisfaction et la fidélité des clients, ce qui entraîne une augmentation des ventes et des revenus. Le service client automatisé peut aider à réduire le temps et les efforts requis pour répondre aux demandes des clients, libérant ainsi des ressources pour se concentrer sur d'autres domaines de l'usine.

Les solutions de commerce électronique aident les entreprises à économiser de l'argent. En automatisant de nombreuses tâches associées aux ventes, les entreprises peuvent réduire leurs frais généraux. Cela contribue à augmenter les bénéfices et permet aux entreprises de réinvestir ces bénéfices dans d'autres domaines de l'entreprise.

Applications mobiles pour augmenter l'engagement des clients.

Les applications mobiles sont de plus en plus populaires pour les entreprises comme moyen d'interagir avec leurs clients et d'augmenter leur croissance. Les applications mobiles peuvent être utilisées pour offrir aux clients une expérience plus personnalisée, proposer des offres exclusives et fournir des mises à jour en temps réel sur les produits et services. Ils peuvent également être utilisés pour collecter des données sur le comportement et les préférences des clients, qui peuvent être utilisées pour créer des campagnes marketing ciblées.

- L'utilisation d'applications mobiles pour accroître l'engagement des clients et la croissance de l'entreprise s'est avérée efficace. Des études ont montré que les entreprises qui utilisent des applications mobiles pour interagir avec leurs clients ont constaté une augmentation de la fidélité et de la satisfaction de la clientèle, ainsi qu'une augmentationdes ventes. Les entreprises qui utilisent des applications mobiles pour collecter des données client ont constaté une augmentation de leur capacité à cibler leurs campagnes marketing et à augmenter leur retour sur investissement.

- Les start-ups bénéficient également de l'utilisation d'applications mobiles pour accroîtrel'engagement des clients et la croissance de l'entreprise. En utilisant des applications mobiles, les start-ups construisent rapidement une clientèle et augmentent leur visibilité. Les applications mobiles sont utilisées pour collecter des données sur le comportement et les préférences des clients , qui peuvent être utilisées pour créer des campagnes de marquage ciblées etaugmenter les ventes.

Les applications mobiles sont un moyen influent pour les entreprises d'interagir avec leurs clients et d'augmenter leur croissance. Ils sont utilisés pour offrir aux clients une expérience plus personnalisée, offrir des offres exclusives et fournirdes mises à jour en temps réel sur les produits et services.

La réalité virtuelle pour créer des expériences client immersives.

La réalité virtuelle (RV) est une technologie qui permet aux utilisateurs d'interagir avec un environnement simulé et d'en faire l'expérience. Il est devenu de plus en plus populaire cesdernières années, car il a été utilisé pour créer des expériences client immersives qui ont un impact profond sur la croissance des entreprises et les start-ups.

- La réalité virtuelle est utilisée pour créer une expérience client unique et engageante. Par exemple, les entreprises peuvent utiliser la réalité virtuelle pour créer des salons virtuels, permettant aux clients d'explorer des produits dans un environnement 3D réaliste. Cela peut être utilisé pour fournir aux clients une expérience d'achat plus interactive et engageante, ainsi que pour fournir aux clients une meilleure compréhension du produit. Cela permet d'augmenter l'engagement et la fidélité des clients, ainsi que d'augmenter les ventes.

La RV peut également être utilisée pour créer des expériences de formation et d'éducation virtuelles.

Ceci est utilisé pour fournir aux clients une expérience d'apprentissage plus immersive et engageante, ainsi quepour fournir aux entreprises un moyen plus efficace et rentable de former leurs employés. Cela permet d'améliorer les performances et la productivité des employés, ainsi que de réduire les coûts de formation.

Big data pour mieux comprendre le comportement des clients.

Big Data est un terme utilisé pour décrire la grande quantité de données générées par les entreprises et les organisations. Ce sont des données trop volumineuses et complexes pour être traitées et analysées à l'aide de méthodes traditionnelles. Le Big Data peut être utilisé pour mieux comprendre le comportement des clients et son impact sur la croissance des entreprises et les start-ups.

- Le Big Data peut être utilisé pour identifier les préférences et les tendances des clients, qui peuvent ensuite être utilisés pour créer des campagnes et des stratégies marketing ciblées. En analysant les données des clients, les entreprises peuvent obtenir des informations sur les habitudes d'achat des clients, qui sont utilisées pour mieux comprendre les besoins et les préférences des clients. Cela aide les entreprises à créer des campagnes et des stratégies de marketing plus efficaces et adaptées aux besoins de leurs clients.

- Les mégadonnées sont également utilisées pour identifier les opportunités potentielles de croissanceet d'expansion des entreprises. En analysant les données des clients, les entreprises identifient les domaines de croissance potentielle et développent des stratégies pour tirer parti de ces opportunités. Cela aide les entreprises à augmenter leur part de marché et leur rentabilité, à réduire leur exposition aux risques potentiels et à assurer leur succès à long terme.

Les mégadonnées sont utilisées pour identifier les domaines potentiels d'innovation. En analysant les données des clients, les entreprises identifient les domaines dans lesquels de nouveaux produits ou services pourraient être développés pour répondre aux besoins des entreprisesafin de garder une longueur d'avance sur la concurrence et de rester compétitives sur le marché.

Technologie de reconnaissance vocale pour automatiser les processus.

La technologie de reconnaissance vocale est une technologie en croissance rapide qui est utilisée pour automatiser les processus dans les entreprises et les start-ups. Cette technologie est utilisée pour reconnaître et interpréter les mots parlés, permettant aux utilisateurs d'interagir avec leurs appareils et applications sans avoir besoin de saisie manuelle. La technologie de reconnaissance vocale a le potentiel de révolutionner le fonctionnement des entreprises et des entreprises vedettes, car elle peut aider à rationaliser les processus, à réduire les coûts et à accroître l'efficacité.

- L'utilisation la plus courante de la technologie de reconnaissance vocale est dans le service à la clientèle. En utilisant la technologie de reconnaissance vocale, les entreprises fournissent aux clients des réponses plus rapides et plusprécises à leurs questions afin de réduire les temps d'attente des clients et d'améliorer leur satisfaction. La technologie de reconnaissance vocale peut être utilisée pour automatiser des processus tels que le traitement des commandes, le traitement des paiements et le support client afin de réduire le temps et lesressources nécessaires pour effectuer ces tâches, permettant ainsi aux entreprises de se concentrer sur des tâches plus importantes.

La technologie de reconnaissance vocale est utilisée pour améliorer la précision de la saisie des données. En utilisant la technologie de reconnaissance vocale, les entreprises réduisent le temps et les ressources nécessaires pour saisir des données dans leurs systèmes afin de réduire les erreurs et d'améliorer la précision, ce qui se traduit par des données plus précises et une meilleure prise de décision.

Machine learning pour automatiser les tâches et les processus.

L'apprentissage automatique (ML) est une formed'intelligence artificielle (IA) qui permet aux ordinateurs d'apprendre des données et de les utiliser pour prendre des décisions. C'est un outil puissant qui est utilisé pour automatiser les tâches et les processus, et son impact sur la croissance des entreprises et les start-ups est immense.

- ML est utilisé pour automatiser de nombreuses tâches fastidieuses et chronophages associées à la gestion d'une entreprise. Par exemple, le ML est utilisé pour automatiser les tâches de service client telles que la réponse aux demandes des clients, le traitement des commandes et la gestion des comptes clients. Le ML est également utilisé pour automatiser lestâches de marketing électronique telles que la segmentation des clients, le ciblage des campagnes et l'analyse du comportement des clients.

- Le ML est également utilisé pour automatiser des processus tels que la production, la gestion des stocks et la gestion de la chaîne d'approvisionnement. En utilisant le ML, les entreprises réduisent leurs coûts, augmententleur efficacité et améliorent la satisfaction de leurs clients.

Le ML est également utilisé pour améliorer la prise de décision. En analysant les données, le ML identifie les modèles et les tendances qui sont utilisés pour éclairer les décisions permettant aux entreprises de prendre de meilleures décisions en matière de marketing, de développement de produits et de service à la clientèle et d'aider les entreprises à accroître la fidélité et la fidélisation de la clientèle.

Technologie Blockchain pour sécuriser les données et les transactions.

La technologie Blockchain est une nouvelle façon révolutionnaire de sécuriser les données et les transactions. Il s'agit d'une technologie distribuéequi utilise la cryptographie pour stocker et transmettre des données en toute sécurité. La technologie Blockchain a le potentiel de révolutionner la façon dont les entreprises fonctionnent et se développent, ainsi que la façon dont les start-ups se développent et réussissent.

- La technologie Blockchain est utilisée pour sécuriserle stockage et la transmission de données, telles que les informations client, les transactions financières et d'autres informations sensibles. Il s'agit d'un système décentralisé, ce qui signifie qu'il n'est contrôlé par aucune entité, ce qui le rend plus sûr que les systèmes traditionnels. Le blocagedans la technologie est immuable, ce qui signifie qu'une fois que les données sont stockées sur la blockchain, elles ne peuvent pas être modifiées ou altérées. Cela en fait une solution idéale pour les entreprises qui ont besoin de stocker et de transmettre des données sensibles en toute sécurité.

- La technologie Blockchain est utilisée pour faciliterles transactions sécurisées en utilisant des contrats intelligents, les entreprises peuvent créer des contrats numériques qui sont stockés sur la blockchain et sont exécutés automatiquement lorsque certaines conditions sont remplies. Cela élimine le besoin de vérification manuelle et réduit le risquede fraude. La technologie Blockchain est utilisée pour créer des jetons numériques qui sont utilisés pour faciliter les paiements et autres transactions. Ceci est particulièrement utile pour les start-ups qui ont besoin de traiter les paiements rapidement et en toute sécurité.

La technologie Blockchain est utilisée pour créer de nouveaux modèles commerciaux et des opportunités pour lesstart-ups et les entreprises qui peuvent utiliser la technologie blockchain pour créer de nouveaux produits et services, tels que des applications décentralisées (dApps) et des organisations autonomes décentralisées (DAO). Ces nouveaux modèles d'entreprises ouvrent de nouveaux marchés et créent de nouvelles sources de revenus pour les entreprises et les start-ups afin d'atteindre de nouveaux sommets de succès.

Impression 3D pour créer des prototypes et des produits.

L'impression 3D est une technologie révolutionnaire qui a gagné en popularité ces dernières années. Il s'agit d'un processus de création d'objets tridimensionnels à partir d'un fichier numérique à l'aide de techniques de fabrication additive. L'impression 3D a été utilisée pour créer des prototypes et des produits pour une variété d'industries, y compris l'automobile, l'aérospatiale, la médecine et les produits de consommation.

- L'utilisation de l'impression 3D pour le prototypage et le développement de produits a eu un impact significatif sur la croissance et le démarrage d'entreprises. En utilisant l'impression 3D, les entreprises peuvent créer rapidement et à moindre coût des prototypes et des produits qui sont testés etaffinés avant d'entrer en production. Cela permet aux entreprises de commercialiser leurs produits plus rapidement, réduisant ainsi le temps et les coûts associés aux méthodes de fabrication traditionnelles.

- L'impression 3D permet également aux entreprises de créer des produits personnalisés adaptés aux besoins de leurs clients. Cela permet aux entreprises de créer des produits uniques qui sont vendus à un prix élevé, augmentant ainsi leurs profits.

- L'impression 3D est également utilisée pour créer des pièces et des composants difficiles ou impossibles à produire en utilisant des méthodes de fabrication traditionnelles pour les entreprises afin de réduire les coûts et d'accroître l'efficacité, ce qui entraîne une augmentation des profits.

L'impression 3D est utilisée pour créer des produits plus respectueux de l'environnement afin que les entreprises puissent réduire leur dépendance aux matériaux traditionnels et créer des produits plus durables pour les entreprises afin de réduire leur impact environnemental et d'accroître leur durabilité.

La robotique pour automatiser les processus de fabrication.

La robotique est un domaine en pleine croissance qui révolutionne l'industrie manufacturière. La robotique est utilisée pour automatiser les processus, réduire les coûts et accroître l'efficacité. La robotique a le potentiel de révolutionner la façon dont les entreprises fonctionnent et se développent, ainsi que de créer de nouvelles opportunités pour les start-ups.

- Robotics peut être utilisé pour automatiser les processus de fabrication, tels que l'assemblage, l'emballage et le tri. L'automatisation réduit les coûts de main-d'œuvre, augmente l'efficacité et améliore la qualité des produits. L'automatisation réduit également le besoin de main-d'œuvre manuelle, libérant des ressources pour se concentrer sur d'autres domaines de l'entreprise et réduisant le risque d'erreur humaine, ce qui réduit les défauts et augmente la satisfaction des clients.

- La robotique est utilisée pour améliorer la précision et la vitesse de production qui sont utilisées pour surveiller et contrôler les processus de production, en veillant à ce que les produits soient fabriqués avec la plus haute qualité et précision. La robotique est utilisée pour surveiller et analyser les données, ce qui permet aux entreprises de prendre des décisions plus éclairées et d'améliorer leurs opérations.

- La robotique est utilisée pour améliorer le service client et être utilisée pour automatiser les tâches de service client, telles que répondre aux demandes des clients, prendre des commandes et traiter les paiements. Cela réduit le temps et les coûts associés au service client, ce qui améliore la satisfaction de la clientèle.

La robotique est utilisée pour améliorer la sécurité sur le lieu de travail afin de surveiller et de contrôler les environnements dangereux, de réduire le risque d'accidents et de blessures, de surveiller et de contrôler les machines dangereuses, en veillant à ce qu'elles soient utilisées de manière sûre et efficace.

La réalité augmentée pour créer desexpériences client intègres.

La réalité augmentée (RA) est une technologie qui permet aux utilisateurs d'interagir avec le contenu numérique dans le monde physique. Il a le potentiel de révolutionner la façon dont les entreprises interagissent avec les clients et de créer des expériencesinteractives. La RA est utilisée pour créer des expériences immersives et engageantes qui aident les entreprises à se développer et les start-ups à se démarquer de la concurrence.

- La RA est utilisée pour créer des expériences interactives adaptées aux besoins du client. Par exemple, un magasin de détail peut utiliser la RA pour permettre aux clients d'essayer virtuellement des vêtements ou des accessoires avant de les acheter. Cela aide les clients à prendre des décisions éclairées et augmente la probabilité d'un achat. La RA est également utilisée pour créer des expériences interactives adaptées aux intérêts du client. Par exemple, un restaurant peut utiliser la réalité augmentée pour permettre aux clients d'explorer le menu et d'en apprendre davantage sur les plats avant de commander. Un autre exemple est un hôtel qui peut utiliser AR pour créer une visite virtuelle de l'hôtel et de ses équipements pour que les clients comprennent mieux l'hôtel et ses services, et les rendent plus susceptibles de réserver un séjour.

- La RA est également utilisée pour créer une expérience interactive qui permet aux clients d'explorer les produits et services de l'entreprise et d'aider les clients à mieux comprendre l'entreprise et ses offres, et les rend plus susceptibles d'investir dans la start-up.

La réalité augmentée a le potentiel de révolutionner la façon dont les entreprises interagissent avec les clients et de créer des expériences interactives avec des expériences immersives et attrayantes

IoT pour surveiller et contrôler les appareils à distance.

L'Internet des objets (IoT) est une technologie en pleine croissance qui révolutionne le fonctionnement des entreprises. L'IoT est le réseau d'objets physiques, tels que des appareils, des véhicules et desbâtiments, qui sont connectés à Internet et peuvent collecter et échanger des données. Les appareils IoT sont utilisés pour surveiller et contrôler les appareils à distance, ce qui permet aux entreprises d'obtenir des informations sur leurs opérations et de prendre de meilleures décisions. Cette technologie a le potentiel de stimuler la croissance des entreprises et de créer de nouvelles opportunités pour les start-ups

- L'IoT a le potentiel de stimuler la croissance de l'entreprise en fournissant aux entreprises des données et des informations en temps réel sur leurs opérations. En connectant les appareils et les systèmes, les entreprises obtiennent des informations sur leurs opérations et prennent de meilleures décisions. Par exemple, les entreprises peuvent utiliser l'IoT pour surveiller leurs niveaux de stock, suivre les tendances des clients et optimiser leur chaîne d'approvisionnement. L'IoT peut également être utilisé pour automatiser les processus et réduire les coûts, permettantainsi aux entreprises de devenir plus efficaces et compétitives.

- L'IoT a le potentiel de créer de nouvelles opportunités pour les start-ups. En connectant des appareils et des systèmes, les start-ups développent des produits et services innovants qui sont utilisés pour améliorer l'expérience client et stimuler la croissance de l'entreprise.

Bien que l'IoT ait le potentiel de stimuler la croissance des entreprises et de créer de nouvelles opportunités pour les start-ups, il y a aussi des défis et des opportunités qui y sont associés. La sécurité est une préoccupation majeure, car les appareils IoT sont vulnérables aux cyberattaquescar il existe des problèmes de confidentialité associés à la collecte et à l'utilisation des données.

L'intelligence artificielle pour automatiser le service client.

L'intelligence artificielle (IA) est une technologie en pleine croissance qui révolutionne la façon dont les entreprises interagissent avecles clients. L'automatisation du service client alimentée par l'IA devient de plus en plus populaire parmi les entreprises et les start-ups, car elle offre un moyen plus efficace et rentable de fournir un service client. L'automatisation du service client alimentée par l'IA aide les entreprises et les start-ups à améliorer la satisfaction de leurs clients, à réduire leurs coûts et à augmenter leurs revenus.

- L'automatisation du service client alimentée par l'IA est utilisée pour automatiser les tâches de service client telles que répondre aux demandes des clients, fournir un support client et traiter les plaintes des clients afin de fournir desexpériences de service client personnalisées en utilisant le traitement du langage naturel (NLP) pour comprendre les requêtes des clients et fournir des réponses pertinentes. L'automatisation du service client alimentée par l'IA est également utilisée pour automatiser les processus de service clienttels que le traitement des commandes, le traitement des paiements et l'intégration des clients.

L'utilisation de l'automatisation du service client alimentée par l'IA aide les entreprises et les start-ups à améliorer la satisfaction de la clientèle en fournissant un service client plus rapide et plus précis pour réduire les coûts en automatisant les tâches de service client, ce qui contribue à réduire le besoin de travail manuel et à augmenter les revenus en fournissant des expériences de service client personnalisées et en augmentant la fidélité des clients.

Analyse prédictive pour anticiper les besoins des clients.

L'analyse prédictive est un outil puissant qui aide les entreprises à anticiper les besoins des clients et à prendre de meilleures décisions. Il utilise des informations basées sur les données pour identifier les modèles et les tendances dans le comportement des clients, permettant aux entreprises d'anticiper les besoins des clients et de prendre des décisions qui conduiront à une augmentation des ventes et de la satisfaction des clients. L'analyse prédictive peut également être utilisée pour identifier les opportunités de croissance et d'innovation, aidant ainsi les start-ups à garder une longueur d'avance sur la concurrence.

- L'analyse prédictive est utilisée pour identifierles préférences des clients et anticiper leurs besoins. En analysant les données des clients, les entreprises peuvent identifier des modèles dans le comportement des clients et utiliser ces informations pour créer des campagnes marketing ciblées et des offres de produits afin de mieux comprendre leurs clients et de créer desexpériences plus personnalisées.

- L'analyse prédictive est également utilisée pour identifier les opportunités de croissance et d'innovation en identifiant les domaines de croissance potentielle et en développant des stratégies pour en tirer parti afin de rester en avance sur la concurrence et d'augmenter leur part de marché.

L'anatomie prédictiveest utilisée pour identifier les risques et les opportunités potentiels. En analysant les données des clients, les entreprises peuvent identifier les risques potentiels et développer des stratégies pour les atténuer, réduire leur exposition aux risques et augmenter leur rentabilité.

Prosing en langage naturelpour comprendre les requêtes des clients.

Le traitement du langage naturel (NLP) est une branche de l'intelligence artificielle qui traite de la compréhension et de l'interprétation du langage humain. Il est utilisé pour analyser le texte, la parole et d'autres formes de langage naturel. NLP est utilisédans une variété d'applications, y compris le service client, l'optimisation des moteurs de recherche et le support client automatisé.

- NLP est utilisé pour comprendre les demandes des clients et fournir un meilleur service à la clientèle afin de mieux comprendre les besoins et les préférences des clients afin d'aider les entreprises à adapter leurs produits et services pour mieux répondre aux besoins des clients. NLP est utilisé pour identifier le sentiment des clients, ce qui aide les entreprises à mieux comprendre la satisfaction des clients.

- NLP est utilisé pour améliorer l'optimisation des moteurs de recherche (SEO). En analysant les requêtes des clients, les entreprises peuvent identifier les mots-clés et les expressions utilisés dans les requêtes des clients et optimiser leur contenu pour ces termes afin que les entreprises se classent plus haut dans les résultats des moteurs de recherche, ce qui entraîne une augmentation du trafic et des clients potentiels.

NLP sontutilisés pour automatiser le support client. En analysant les requêtes des clients, les entreprises peuvent créer des réponses automatisées qui peuvent fournir aux clients des réponses à leurs questions pour économiser du temps et de l'argent en réduisant le besoin de support client manuel. Les entreprises peuvent identifier les domaines dans lesquels les clients rencontrent des difficultés et résoudre ces problèmes pour améliorer la satisfaction et la fidélité des clients et économiser du temps et de l'argent.

Technologie de reconnaissance faciale pour améliorer la sécurité.

La technologie de reconnaissance faciale est une technologie en plein essorqui est utilisée pour améliorer la sécurité et le développement des affaires pour les petites entreprises et les start-ups. Cette technologie utilise des algorithmes de reconnaissance faciale pour identifier les individus en fonction de leurs traits faciaux. Il est utilisé dans une variété d'industries, y compris la vente au détail, la banque, les soins de santé et le gouvernement.

- La technologie de reconnaissance faciale est utilisée pour améliorer la sécurité en fournissant une couche supplémentaire d'authentification pour l'accès aux zones sensibles ou aux données. Ceci est également utilisé pour identifier les menaces potentielles ou les activités suspectes, telles que l'accès non autorisé à un bâtiment ou à un système informatique, et pour identifier les clients ou les employés afin de fournir des services personnalisés ou de suivre leurs activités.

En utilisant la technologie de reconnaissance faciale, les entreprises identifient les clients potentiels et les ciblent avec des campagnes marketing personnalisées pour augmenter l'engagement et la fidélité des clients afin d'augmenter les ventes.

Des portefeuilles numériques pour faciliter les paiements.

Les portefeuilles numériques sont de plus en plus populaires comme moyen de faciliterles paiements pour les petites entreprises et les start-ups. Les portefeuilles numériques permettent aux entreprises d'accepter des paiements rapidement et en toute sécurité, sans avoir besoin d'argent comptant ou de cartes de crédit. Cela facilite les paiements pour les clients et peut aider les entreprises à augmenter leurs ventes et àdévelopper leur clientèle.

- L'utilisation de portefeuilles numériques aide les petites entreprises et les entreprises en démarrage à réduire les coûts associés au traitement des paiements. En utilisant des portefeuilles numériques, les entreprises évitent les frais associés aux méthodes de paiement traditionnelles, telles que les cartes de crédit et les espèces, qui aident les entreprises à économiser de l'argent sur les frais de transaction, qui peuvent être utilisés pour investir dans d'autres domaines de l'entreprise.

- Les portefeuilles numériques permettent également aux entreprises de suivre plus facilement leurs ventes et leurs données clients. En utilisant des portefeuilles numériques, les entreprises peuvent facilement accéder aux informations sur les clients et suivre les ventes en temps réel pour les aider à mieux comprendre leurs clients et à prendre des décisions plus éclairées concernant leur entreprise.

Les portefeuilles numériques offrent également aux entreprises plus de sécurité. Businesses protège les données de ses clients et s'assure que leurs paiements sont sécurisés pour aider les entreprises à établir la confiance avec leurs clients afin d'augmenter leur clientèle.

Assistants virtuels pour automatiser le service client.

Dans le monde moderne, le service à la clientèle est unecomposante essentielle de toute entreprise. C'est la clé de la satisfaction et de la fidélité des clients, et cela peut faire ou défaire une entreprise. En tant que tels, les entreprises de toutes tailles investissent dans des assistants virtuels pour automatiser le service client et améliorer leur expérience client. Les assistants virtuels sont des chatbots alimentés par l'IA qui peuvent traiter les demandes des clients, fournir une assistance et même traiter les commandes. Ils sont de plus en plus populaires parmi les petites entreprises et les entreprises en démarrage en tant que moyen rentable de fournir un service à la clientèle.

- Les assistants virauxoffrent une série d'avantages aux petites entreprises et aux start-ups. Ils aident à réduire les coûts, à améliorer le service à la clientèle et à accroître l'efficacité. Les assistants virtuels sont un moyen rentable de fournir un service à la clientèle. Ils ne nécessitent aucune charge supplémentaire et peuvent être installés rapidement et facilement. Cela peut aider à réduire les frais généraux et à libérer des ressources pour d'autres domaines de l'entreprise.

- Les assistants virtuels fournissent un service client 24 heures sur 24, 7 jours sur 7, ce qui peut aider à améliorer la satisfaction et la fidélité des clients. Ils sont également personnalisés pour fournir un service personnalisé et peuvent être programmés pour répondre aux questions courantes des clients.

- Les assistants virtuels automatisent les tâches banales, telles que le traitement des commandes et les demandes des clients, afin de libérer des ressources et de permettre au personnel de se concentrer sur des tâches plus importantes.

Les assistants virtuels ont un impact positif sur le développement des affaires pour les petites entreprises et les start-ups. Ils aident à réduire les coûts, à améliorer le service à la clientèle et à accroître l'efficacité. Cela a conduit à une augmentation des ventes, à une plus grande satisfaction de la clientèle et à une meilleure reconnaissance de la marque.

Outils de visualisation des données pour obtenir des informations

La visualisation des données est un outil puissant pour obtenir des informations à partir des données et est devenue de plus en plus populaire ces dernières années. Il est utilisé pour présenter des données dans un format visuel, ce qui les rend plus faciles à comprendre et à interpréter. La visualisation des données est utilisée pour identifier les tendances, repérer les valeurs aberrantes et obtenir des informations sur le comportement des clients.

- Les outils de visualisation des données sont utilisés par les petites entreprises et les start-ups pour mieux comprendre leur clientèle , les tendances du marché et les performances de leurs produits. En visualisant les données, les entreprises identifient rapidement les domaines d'opportunité et les risques potentiels pour les aider à prendre de meilleures décisions et à développer des stratégies pour augmenter les ventes et les bénéfices.

- Les outils de visualisation des données sont utilisés pour surveillerl'engagement des clients et suivre les commentaires des clients. Cela peut aider les entreprises à comprendre ce que leurs clients recherchent et comment elles peuvent améliorer leurs produits et services. Les outils de visualisation des données sont utilisés pour analyser les données clients et identifier celles qui sontaméliorées.

- Des outils de visualisation des données sont également utilisés pour identifier les domaines de croissance potentiels. En visualisant les données, les entreprises identifient rapidement les opportunités d'expansion et identifient de nouveaux marchés à cibler. Cela les aide à développer des stratégies pour augmenter leur clientèle et augmenter leurs revenus.

Des outils de visualisation des données sont également utilisés pour suivre le comportement des clients et identifier les segments de clientèle. Cela aide les entreprises à mieux comprendre leurs clients et à développer des campagnes de marketing ciblées. De plus, les outils de visualisation da ta peuvent être utilisés pour identifier les tendances des clients et développer des stratégies pour en tirer parti.

Élaborer une stratégie de service à la clientèle

Le service à la clientèle est un élément essentiel de toute entreprise, quelle que soit sa taille. C'est le fondement de la fidélité et de la satisfaction de la clientèle, et il peut avoir un impact significatif sur le succès d'une petite entreprise ou d'une start-up. L'élaboration d'une stratégie de service à la clientèle est une étape importante pour s'assurer que les clients ont une expérience positive avec votre entreprise.

- La première étape de l'élaboration d'une stratégie de service à la clientèle consiste à identifier les objectifs de la stratégie. Que voulez-vous réaliser avec votre stratégie de service à la clientèle? Voulez-vous augmenter la satisfaction de vos clients? Incfidéliser la clientèle? Augmenter les ventes? L'identification de vos objectifs vous aidera à élaborer une stratégie adaptée à votre entreprise et à ses besoins.

- Une fois que vous avez identifié vos objectifs, l'étape suivante consiste à créer une équipe de service à la clientèle. Cette équipe devrait êtrecomposée de personnes qui possèdent les compétences et l'expérience nécessaires pour fournir un excellent service à la clientèle. Il est important de s'assurer que l'équipe est bien formée et bien informée sur vos produits et services. Il est important de s'assurer que l'équipe dispose des outils et des ressources nécessaires pour offrir un service à la clientèle efficace.

- Une fois que vous avez créé une équipe de service client, l'étape suivante consiste à développer un processus de service client. Ce processus devrait inclure des étapes pour répondre aux demandes des clients , résoudre les plaintes des clients et fournir des commentaires. Il devrait inclure des étapes pour suivre la satisfaction de la clientèle et résoudre les problèmes qui surviennent.

En plus d'élaborer un processus pour fournir un service à la clientèle, il est important d'élaborer un plan de communication. Ce plan devrait inclure des stratégies de communication avec les clients, telles que le courrier électronique, le téléphone et les médias sociaux. Il devrait également inclure des stratégies pour répondre aux demandes des clients.

CHAPITRE QUATORZE

Créer un réseau de partenaires et de fournisseurs

La création d'un réseau de partenaires et de fournisseurs pour les petites entreprises et les entreprises en démarrage est une étape essentielle au succès de toute entreprise. Avoir un solide réseau de partenaires et de fournisseurs peut aider une entreprise à croître et à réussir. Il donne accès à des ressources, des contacts et une expertise qui peuvent être inestimables. Voici quelques conseils sur la façon de créer un réseau de partenaires et de fournisseurs pour les petites entreprises et les entreprises en démarrage.

- **Identifiez vos besoins** : Avant de commencer à construire votre réseau, il est important d'identifier vos besoins. De quel type de partenaires et de fournisseurs avez-vous besoin ? De quel type de services avez-vous besoin? De quel type d'expertise avez-vous besoin? Savoir ce dont vous avez besoin vous aidera à affiner votre recherche et facilitera la recherche des partenaires et des fournisseurs de la plate-forme.

- **Recherche de partenaires et de fournisseurs potentiels**: Une fois que vous avez identifié vos besoins, il est temps de commencer à rechercher des partenaires et des fournisseurs potentiels. Recherchez des entreprises qui offrent des services et une expertise qui correspondent à vos besoins. Consultez les sites Web IR, lisez les critiques et parlez à d'autres entreprises qui ont utilisé leurs services.

- **Tendre la main** : Une fois que vous avez identifié des partenaires et des fournisseurs potentiels, il est temps de tendre la main. Contactez-les et expliquez-leur ce dont vous avez besoin et pourquoi vous pensez qu'ils seraient un good fit. Posez des questions et assurez-vous d'écouter leurs réponses.

- **Négocier les conditions**: Une fois que vous avez trouvé les bons partenaires et fournisseurs, il est temps de négocier les conditions. Assurez-vous de bien comprendre les termes de l'accord et que vous êtes à l'aise avec eux.

- **Établissez** des relations : Une fois que vous avez établi les termes de l'accord, il est important d'établir des relations avec vos partenaires et fournisseurs. Prenez le temps d'apprendre à les connaître et à connaître leur entreprise. Cela vous aidera à vous assurer que vous avez une relation solide et à long terme.

CHAPITRE QUINZE

Élaborer un système de suivi des progrès

Le suivi des progrès est une partie importante de toute entreprise, en particulier pour les petites entreprises et les start-ups afin de mesurer leur succès et d'identifier les domaines à améliorer.

- **Objectifs** d'identification: La première étape du développement d'un système de suivi des progrès consiste à identifier les objectifs de l'entreprise pour s'assurer que le système est adapté aux besoins spécifiques de l'entreprise. Les objectifs doivent être spécifiques, mesurables, réalisables, réalistes et rapides.

- **Établir** des mesures : Une fois les objectifs identifiés, l'étape suivante consiste à établir des paramètres qui peuvent être utilisés pour mesurer les progrès vers ces objectifs. Ces mesures doivent être choisies en fonction des objectifs et doivent être mesurables et réalisables.

- **Identifier Key indicateurs** de performance: Il est important d'identifier les indicateurs de performance clés (KPI) qui seront utilisés pour mesurer les progrès. Les KPI doivent être choisis en fonction des objectifs qui ont été fixés et doivent être utilisés pour suivre les progrès au fil du temps.

- **Établir un système** de rapports : Une fois que les IRC ont été identifiés, il est important d'établir un système de rapports qui sera utilisé pour suivre les progrès. Ce système devrait inclure des rapports réguliers qui sont produits sur une base régulière, par exemple hebdomadaire ou mensuelle. Ces rapports devraient inclure des données sur les IRC qui ont été identifiés et devraient être utilisés pour mesurer les progrès au fil du temps.

- **Configurer un système de suivi :** L'étape suivante consiste à configurer un système de suivi. Cela peut être fait à l'aide d'un tableur ou d'un logiciel. Le système de suivi devrait inclure les paramètres qui ont été établis et devrait être mis à jour régulièrement.

- **Surveiller les progrès :** Une fois le système de suivi mis en place, il est important de surveiller régulièrement les progrès. Cela peut être fait en examinant régulièrement le système de suivi et en apportant les ajustements nécessaires.

- **Passez à l'action :** Une fois que les progrès ont été surveillés, il est important de prendre des mesures pour s'assurer que les objectifs sont atteints. Cela peut inclure des modifications au modèle d'affaires, l'ajustement des KPI ou la mise en œuvre de nouvelles stratégies. Il est essentiel d'agir pour s'assurer que l'entreprise est sur la bonne voie pour atteindre ses objectifs.

- **Faire des ajustements:** Si le système de suivi indique que des progrès ne sont pas réalisés, il est important de faire des ajustements. Cela pourrait inclure la modification des objectifs, des mesures ou du système de suivi.

Le développement d'un système de suivi des progrès est une partie importante de la gestion d'une entreprise prospère, en particulier pour les petites entreprises et les start-ups. Le présent rapport décrit les étapes nécessaires pour ce faire.

CHAPITRE SEIZE

Créer un système de gestion des risques

Les petites entreprises et les entreprises en démarrage sont souvent confrontées à divers risques qui peuvent avoir un impact important sur leurs activités. La gestion de ces risques peut être une tâche difficile et chronophage, mais elle est essentielle au succès de l'entreprise. Ce rapport décrit un système de gestion des risques pour les petites entreprises et les entreprises en démarrage.

- **Identifier les risques:** La première étape de la création d'un système de gestion des risques pour les petites entreprises et les entreprises en démarrage consiste à identifier les risques associés à l'entreprise. Cela comprend l'identification des risques potentiels tels que les risques financiers, opérationnels, juridiques et environnementaux. Une fois les risques identifiés, ils peuvent être catégorisés et classés par ordre de priorité en fonction de leur impact potentiel sur l'entreprise.

- **Évaluer les risques :** Une fois les risques identifiés, l'étape suivante consiste à évaluer les risques. Cela implique d'évaluer l'impact potentiel des risques et de déterminer la probabilité que les risques se produisent, la probabilité que le risque se produise, la gravité de l'impact potentiel et le coût de l'atténuation du risque. Cette analyse permettra d'identifier les risques qui doivent être ajoutésen premier et ceux qui peuvent être gérés avec une priorité moindre.

- **Élaborer un plan de gestion des risques :** Une fois les risques cernés et évalués, l'étape suivante consiste à élaborer un plan de gestion des risques. Ce plan devrait inclure des stratégies d'atténuation des risques,notamment l'élaboration de politiques et de procédures, la mise en œuvre de contrôles et la mise sur pied d'une équipe de gestion des risques.

- **Mettre en œuvre le plan de gestion des risques :** Une fois le plan de gestion des risques élaboré, l'étape suivante consiste à le mettre en œuvre. Cela implique la mise en œuvre du plan, comme l'élaboration de politiques et de procédures, la mise en œuvre de contrôles et la mise sur pied d'une équipe de gestion des risques. Le plan devrait également comprendre des mesures visant à surveiller le risque et à s'assurer qu'il est géré efficacement.

- **Surveiller et examiner le plan de gestion des risques :** Une fois le plan de gestion des risques mis en œuvre, l'étape suivante consiste à surveiller et à **examiner le plan**. Cela peut se faire en examinant régulièrement l'évaluation et l'analyse des risques, ainsi qu'en surveillant la mise en œuvre du plan d'atténuation des risques. Cela permettra de s'assurer que le risque est géré efficacement et que tout changement dans l'environnement de risque est pris en compte.

- **Communiquer le plan de gestion des risques :** La dernière étape de la création d'un système de gestion des risques pour les petites entreprises et les entreprises en démarrage consiste à communiquer le plan de gestion des risques. Cela implique de s'assurer que tous les intervenants connaissent le plan et comprennent leurs rôles et responsabilités.

CHAPITRE DIX-SEPT

Développer un système de gestion des relations avec les clients

Nous parlons ici des étapes pour développer un système de gestion des relations clients pour les petites entreprises et les start-ups. Nous décrivons les principales caractéristiques du système, les avantages de l'utilisation du système et les défis potentiels qui peuvent survenir au cours du processus de développement.

Le système de gestion des relations avec les clients devrait comporter les principales caractéristiques suivantes :

- La base de données client stocke les informations client telles que les coordonnées, les préférences et l'historique des achats.

- Système de gestion de la relation client (CRM) qui permet aux entreprises de suivre les interactions avec les clients et d'établir des relations avec les clients.

- Système de service à la clientèle qui permet aux entreprises de répondre rapidement aux demandes et aux plaintes des clients.

- Système d'automatisation de la création et de la gestion des campagnes, du suivi de l'engagement des clients et de mesurer l'efficacité des campagnes.

- Un système d'analyse qui permet aux entreprises de suivre le comportement des clients et d'identifier les tendances.

Un système de gestion des relations avec la clientèle offrira les avantages suivants aux petites entreprises et aux entreprises en démarrage :

- **Amélioration du service à la clientèle** : Le système permettra aux entreprises de répondre rapidement aux demandes et aux plaintes des clients, ce qui se traduira par une meilleure satisfaction des clients.

- **Fidélisation accrue de** la clientèle : Le système permettra aux entreprises de suivre les interactions avec les clients et d'établir des relations avec les clients, ce qui se traduira par une fidélisation accrue de la clientèle.

- **Augmentation des ventes** : Le système permettra aux entreprises de créer et de gérer des campagnes, de suivre l'engagement des clients et de mesurer l'efficacité des campagnes, ce qui entraînera une augmentation des ventes.

- **Amélioration de la prise de décision**: Le système permettra aux entreprises de suivre le comportement des clients etd'identifier les tendances, ce qui améliorera la prise de décision.

L'élaboration d'un système de gestion des relations avec la clientèle comportera les défis potentiels suivants :

- **Coût** : Le coût de développement du système peut être prohibitif pour certaines petites entreprises et entreprises en démarrage.

- **Complexité** : Le système peut être complexe à mettre en œuvre et à gérer, nécessitant des connaissances et des ressources spécialisées.

- **Sécurité** : Le système doit être sécurisé pour protéger les données des clients contre tout accès non autorisé.

Le système de gestion des relations avec la clientèle permettra aux entreprises d'améliorer le service à la clientèle, de fidéliser la clientèle, d'augmenter les ventes et d'améliorer la prise de décision. Le développement du système peut être soumis à des défis potentiels tels que le coût, la complexité et la sécurité.

CHAPITRE DIX-HUIT

Élaborer un système de gestion des relations avec les employés

Les relations avec les employés sont une partie importante de toute entreprise, en particulier pour les petites entreprises et les entreprises en démarrage. Un bon système de gestion des relations avec les employés peut aider à s'assurer que les employés sont heureux et productifs et que l'entreprise fonctionne bien. Voici quelques points pour gérer les relations avec les employés pour les petites entreprises et les entreprises en démarrage.

- Améliorer la communication entre les employés et la direction.

- Créez un environnement de travail positif.

- Favoriser letrus t et le respect entre les employés et la direction.

- Augmentez l'engagement et la productivité des employés.

- Réduire le roulement du personnel.

Le système de gestion des relations avec les employés pour les petites entreprises et les entreprises en démarrage devrait comprendre les éléments suivants :

- **Communication** ouverte : Il est essentiel d'établir des lignes de communication ouvertes entre les employés et la direction. Cela peut se faire par le biais de réunions régulières, de séances de rétroaction et de sondages.

- **Reconnaissance des employés : Il est important de reconnaître et de** récompenser les employés pour leur travail acharné et leur dévouement afin de créer un environnement de travail positif. Cela peut être fait par le biais de récompenses, de bonus et d'autres incitations.

- **Formation et perfectionnement**: Il est essentiel d'offrir aux employés les possibilités de formation et de perfectionnement nécessaires pour favoriser la confiance et le respect entre les employés et la direction. Cela peut se faire par le biais d'ateliers, de séminaires et d'autres possibilités d'apprentissage.

- **Engagement des employés** : Il est important d'encourager les employés à s'engager dans leur travail pour accroître la productivité. Cela peut se faire par le biais d'activités de consolidation d'équipe, d'événements sociaux et d'autres activités.

- **Gestion du rendement** : L'établissement d'un système de gestion du rendement est essentiel pour s'assurer que les employés atteignent leurs buts et objectifs. Cela peut être fait par le biais d'évaluationsrégulières du rendement et de séances de rétroaction.

Un système de gestion des relations avec les employés pour les petites entreprises et les start-ups est essentiel pour s'assurer que les employés sont heureux et productifs et que l'entreprise fonctionne bien. Il décrit un système de gestion des relations avec les employés pour les petites entreprises et les entreprises en démarrage qui comprend une communication ouverte, la reconnaissance des employés, la formation et le perfectionnement, l'engagement des employés et la gestion du rendement. La mise en œuvre de ce système contribue à améliorer la communication, à créer un environnement de travail positif, à favoriser la confiance et le respect, à accroître l'engagement et la productivité des employés, à réduire le roulement du personnel et à améliorer le service à la clientèle.

CHAPITRE DIX-NEUF

Créer un système de gestion des stocks

Les petites entreprises et les entreprises en démarrage ont souvent du mal à gérer leurs stocks. Sans le bon système en place, il peut être difficile de garder une trace de ce qui est en stock, de ce qui doit être commandé et quand les articles doivent être réapprovisionnés. Les points décrivent un systèmede gestion des stocks pour les petites entreprises et les entreprises en démarrage qui est rentable, facile à utiliser et efficace.

La première étape de la création d'un système de gestion des stocks consiste à déterminer la solution la plus rentable. Pour les petites entreprises et les start-ups, cela signifie souvent utiliser des logiciels ou du matériel existants qui sont déjà disponibles. Par exemple, les logiciels basés sur le cloud peuvent être utilisés pour suivre les niveaux de stock, les commandes et les ventes. Les lecteurs de codes-barres et les lecteurs RFID peuvent être utilisés pour suivre rapidement et avec précision les niveaux d'investissement.

L'étape suivante consiste à s'assurer que le système est facile à utiliser. Cela signifie que le logiciel ou le matériel doit être intuitif et convivial. Le système devrait pouvoir s'intégrer aux systèmes et processus existants, tels que les systèmes comptables ou les systèmes de point de vente.

Le système doit être efficace. Cela signifie qu'il devrait être en mesure de suivre rapidement et avec précision les niveaux de stock, les commandes et les ventes. Le système devrait être en mesure de générer des rapports et des alertes lorsque les niveaux de stock sont faibles ou quedes articles doivent être réapprovisionnés.

La création d'un système de gestion des stocks pour les petites entreprises et les entreprises en démarrage est essentielle à la réussite. En utilisant des solutions rentables, en veillant à ce que le système soit facile à utiliser et en s'assurant qu'il est efficace, les entreprisespeuvent s'assurer que leur inventaire est correctement géré.

CHAPITRE VINGT

Gestion des commentaires des clients

Les commentaires des clients sont un atout inestimable pour les petites entreprises et les start-ups. Il fournit des informations précieuses sur la satisfaction de la clientèle , la qualité des produits et le service client. En gérant efficacement les commentaires des clients, les entreprises identifient les domaines à améliorer et prennent les mesures nécessaires pour assurer la satisfaction des clients.

Voici quelques conseils pour gérer le flux clientpour les petites entreprises et les start-ups:

Mettre en place un système de collecte des commentaires des clients :

La première étape de la gestion des commentaires des clients consiste à établir un système de collecte des commentaires des clients. Il peut s'agir de sondages, d'appels au service à la clientèle, de consultations en ligne ou d'autres méthodes.

Méthodes de collecte des commentaires des clients

- **Enquêtes :** Les enquêtes sont l'un des moyens les plus populaires de recueillir les commentaires des clients. Les sondages peuvent être distribués en ligne ou en personne et peuvent être utilisés pour recueillir des commentaires sur une variété de sujets, tels que la satisfaction de la clientèle, la qualité des produits ou des services et l'expérience des clients.

- **Groupes de discussion: Les** groupes de discussion sont un excellent moyen d'obtenir des commentaires directs des clients. Les groupes de discussion consistent à rassembler un petit groupe de clients pour discuter d'un produit ou d'un service particulier. Ce type de rétroaction peut être inestimable pour comprendre les besoins et les préférences en matière de cesser.

- **Entretiens: Les** entretiens sont un autre excellent moyen de recueillir les commentaires des clients. Les entrevues peuvent être menées en personne ou par téléphone et peuvent être utilisées pour mieux comprendre les besoins et les préférences des clients.

- **Avis en ligne: Les** avis en ligne sont un excellent moyen d'obtenir les commentaires des clients. Les clients peuvent publier des avis sur des sites Web tels que Yelp, Google et Facebook, qui peuvent être utilisés pour obtenir des informations précieuses sur les expériences client.

- **Médias sociaux:** Les médias sociaux sont un excellent moyen de recueillir les commentaires des clients. Les clients peuvent publier des commentaires et des avis sur des plateformes de médias sociaux telles que Twitter, Facebook et Instagram, qui peuvent être utilisées pour obtenir des informations précieuses sur les expériences client.

- **Service à la clientèle:** Le service à la clientèle est un excellent moyen de recueillir les commentaires des clients. Les clients peuvent obtenir des commentaires via des canaux de service client tels que le téléphone, le courrier électronique et le chat en direct, qui peuvent être utilisés pour obtenir des informations précieuses sur les expériences client.

Surveillez régulièrement les commentaires des clients :

Une fois qu'un système de collecte des commentaires des clients est établi, il est important de surveiller régulièrement les commentaires des clients. Cela aidera à identifier les tendances ou les modèles dans les commentaires des clients qui peuvent être abordés.

Répondre aux commentaires des clients :

Une fois les commentaires des clients recueillis, il est important d'y répondre en temps opportun. Il peut s'agir de répondre aux plaintes des clients, de les remercier pour leurs commentaires ou de proposer des solutions aux problèmes.

Analyser les commentaires des clients :

Une fois les commentaires des clients recueillis et pris en compte, il est important d'analyser les commentairespour identifier les tendances ou les modèles. Cela aidera à identifier les domaines où l'entreprise peut s'améliorer.

Agir:

Une fois les commentaires des clients analysés, il est important de prendre des mesures pour résoudre les problèmes identifiés. Cela pourrait inclure des modifications aux produits ou services, l'amélioration du service à la clientèle ou la mise en œuvre de nouvelles politiques.

Suivi:

Enfin, il est important de faire un suivi auprès des clients pour s'assurer que leurs commentaires ont été pris en compte et que tous les changements apportés ont été efficaces. Cela permettra de s'assurer que les clients sont satisfaits de l'entreprise et que leurs commentaires sont pris au sérieux.

En suivant ces conseils, les petites entreprises et les start-ups peuvent gérer efficacement les commentaires des clients et assurer leur satisfaction. Cela aidera à fidéliser les clients et à augmenter les ventes.

CHAPITRE VINGT ET UN

Développer un système de gestion des données clients

Les petites entreprises et les start-ups doivent gérer les données des clients afin de rester compétitives et de maximiser leurs profits. Les données clients sont l'élément vital de toute entreprise, et il est essentiel d'avoir un système en place pour stocker et gérer efficacement ces données.

La première étape de la gestion des données client consiste à les collecter. Cela peut être fait par le biais de diverses méthodes, telles que des enquêtes, des formulaires de commentaires des clients et des inscriptions en ligne. Une fois les données collectées, elles doivent être stockées dans une base de données sécurisée. Cela peut être fait à l'aide d'un système de gestion de la relation client (CRM), qui est un logiciel conçu pour stocker et gérerles informations des clients.

Une fois les données stockées, elles doivent être organisées. Cela peut être fait en créant des profils de clients, qui sont des enregistrements détaillés des informations de chaque client. Ces profils peuvent inclure des informations de contact, l'historique des achats, les préférenceset d'autres données pertinentes.

Une fois les profils clients créés, les données doivent être analysées. Cela peut être fait à l'aide d'un logiciel d'analyse, qui peut aider à identifier les tendances et les modèles dans le comportement des clients. Ces données peuvent ensuite être utilisées pour créer des campagnes marketing ciblées et personnaliser les expériences client.

Enfin, les données doivent être tenues à jour. Cela peut être fait en mettant régulièrement à jour les profils des clients et en suivant les interactions avec les clients. Cela garantira que les données sont exactes et à jour, ce qui est essentiel pour un marketing et un service client efficaces.

Utilisez un système de gestion de la relation client (CRM) :

Un système CRM est un excellent moyen de gérer les données client pour les petites entreprises et les start-ups. Il vous permet de stocker des informations client, de suivre les interactions des clients et d'analyser les données des clients pour mieux comprendre le comportement et les préférences des clients.

Utilisez les médias social:

Les médias sociaux sont un excellent moyen d'interagir avec les clients et d'établir des relations. Il offre également la possibilité de collecter des données client telles que les données démographiques, les intérêts et les préférences.

Recueillir les commentaires des clients :

Les commentaires des clients sont inestimableslorsqu'il s'agit de comprendre les besoins et les préférences des clients. La collecte des commentaires des clients par le biais d'enquêtes, de sondages et d'autres méthodes peut vous aider à mieux comprendre vos clients et à prendre des décisions éclairées.

Tirez parti de l'automatisation :

L'automatisation peut vous aider à économiser du temps et des ressources lorsqu'il s'agit de gérer les données client. Les outils d'automatisation peuvent vous aider à rationaliser la collecte de données client, à segmenter les clients et à automatiser les communications avec les clients.

Analyser les données clients :

L'analyse des données client peut vous aider à obtenir desinformations précieuses sur le comportement et les préférences des clients. Cela peut vous aider à mieux comprendre les besoins des clients et à élaborer des stratégies pour mieux les servir.

La gestion des données clients est essentielle pour les petites entreprises et les start-ups. En collectant, stockant, organisant, analysant et mettant à jour les données clients, les entreprises peuvent maximiser leurs profits et rester compétitives.

Je vous souhaite une bonne affaire!

Libérez votre potentiel commercial dès maintenant

Nous espérons que ce livre a été une ressource précieuse pour les propriétaires de petites entreprises et les start-ups qui cherchent à développer leurs entreprises. Nous avons fourni une vue d'ensemble complète des différents aspects du développement des affaires, de la compréhension du marché et de l'identification des opportunités à l'élaboration d'un plan d'affaires et à la gestion desfinances. Nous avons également discuté de l'importance de développer une équipe solide et de créer une culture de l'innovation.

Nous vous souhaitons la meilleure des chances dans votre parcours de développement des affaires!

Sincèrement

Sangati Jagan Mohan Reddy

Vous pouvez me contacter sur

Twitter : @jaganreddyms

Koo : @jmr